KB194510

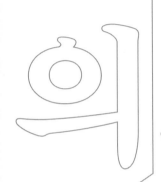

차별할 의도는 없었습니다만

mysc

개리 포드 :
한국 독자에게 전하는 저자의 인사

2020년에 저희가 이 책을 쓰기 시작했을 때, 공유하고 싶었던 세 가지 핵심 아이디어가 있었습니다.

첫째, 기업과 학계 환경 모두에서 일한 저희의 경험은 더 나은 성비 균형이 팀 성과, 행복감, 그리고 회사 성공을 증진해 남성과 여성 모두에게 이익이 된다는 점을 깨닫게 해주었습니다. 하지만 이를 달성하기 위해서는 그들의 일상적인 현실과 우리 모두가 의도치 않게 만들어내는 보이지 않는 장벽에 대한 더 깊은 이해가 필요합니다. 이러한 장벽은 모두에게 영향을 미치지만, 저희 연구에 따르면 여성에게 가장 큰 타격을 주는 것으로 나타났습니다.

둘째, 저희는 이 문제들이 여성 혼자만으로는, 또는 남성 혼자만으로도 해결될 수 없다는 것을 깨달았습니다. 진정한 성평등은 모든 사람이 함께 논의하고 협력할 것을 필요로 합니다. 모든 성별이 힘을 합쳐 경력 장벽을 찾아내고 해결책을 만들어낼 때만이 모두에게 이익이 되는 진정으로 다양하고 포용적인 업무 환경을 구축할 수 있습니다.

셋째, 저희는 모든 사람이 더 포용적인 업무 환경을 구축하기 위한 실질적인 조치를 취할 수 있다는 것을 알리고 싶었습니다. 처음에는 변화를 이끄는 것이 벅차게 느껴질 수 있지만, 역할이나 직위 관계없이 매일의 작은 행동들이 더 나은 성비 균형을 향해 나아가는 데 도움이 될 수 있습니다.

여러 면에서 한국은 저희가 주로 활동해 온 영국과는 전혀 다른 세상입니다. 뚜렷이 다른 역사, 문화, 그리고 일련의 과제들을 안고 있습니다. 한국은 기술, 투지, 그리고 근면함으로 번영하는 경제를 건설했습니다. 하지만 이제 G20 국가 중 최저 수준의 출산율과 극심한 성별 격차로 인해 새로운 어려움에 직면해 있습니다.

세계 경제에 성공적으로 기여하는 국가로 계속 남기 위해서는 변화해야 합니다. 모든 나라가 그렇습니다. 더 많은 여성이 일터로 나와야 하며, 그들이 원하는 성공적인 경력을 쌓을 수 있도록 지원해야 합니다. 이는 GDP를 크게 향상할 뿐만 아니라, 연구에 따르면 기업, 팀, 개인을 더 행복하고 성공적이며 창의적으로 만들고, 고객과 사회 전반에 더 나은 결과를 제공할 것입니다.

책을 쓰기 시작한 지 5년이 지난 지금도 저희는 이 세 가지 핵심 아이디어가 여전히 유효하다고 믿습니다. 우리는 직장 내에서 우리와 다른 사람들의 현실을 이해해야 합니다. 남성을 포함하여 모든 사람이 더 포용적인 환경을 만들기 위해 노력해야 합니다. 우리는 모두 각자의 역할이 있으며, 일상 업무 속에서 매일 작은 변화를 만들 수 있습니다.

어떤 나라도, 어떤 공동체도, 어떤 기업도 이 문제를 완벽하게 해결하지는 못했습니다.

이 책이 독자 여러분께 그 방법을 찾는 데 몇 가지 아이디어를 제공할 수 있기를 바랍니다.

더 논의하고 싶으신 점이 있다면, 언제든 기꺼이 소통하겠습니다.
- www.linkedin.com/in/garypford

기획 의도

김정태

MYSC 대표 | 2024 여성신문 '히포시리더' 선정

"당신은 성차별주의자인가요?"라는 질문 앞에 대부분의 남성들은 당혹스럽거나 억울해합니다. 하지만 원제로 직역하면 『우연한 성차별주의자』(The Accidental Sexist)는 '차별할 의도는 없었습니다만'이라고 말하는 수많은 사람들이 자신도 모르게 가진 구조적 편향에 대해 이야기 합니다. 무지와 무관심은 변명이 될수 없고, 의도가 아니더라도 우리는 결과에 책임감을 느껴야 합니다.

MYSC는 사회양극화, 경제불평등, 기후위기라는 세계 3대 난제를 해결하는 데 '다양성과 포용'을 핵심 가치로 삼고 있는 조직입니다. 다양한 배경과 인지적 관점을 가진 구성원들이 함께 일하는 이유는, 불확실한 시대에 살아남기 위한 전략으로서 '다양성'이야말로 생존력이며 혁신의 동력이라는 믿음 때문입니다. 성차별은 다양성과 포용의 길에 있어 어쩌면 가장 큰 장애물이 됩니다.

2024년 '히포시(HeForShe)' 리더로 선정되었습니다. 매우 부담스러운 이 타이틀은 내가 충분히 준비되어 있음을 말하는 것이 아니라, 내가 가진 구조적 편향과 불편한 질문을 마주하고 계속해서 배우고 질문하라는 초대라고 느꼈습니다. 이 책은 저와 비슷하게 그러한 여정을

시작하려는 모든 사람에게 꼭 필요한 나침반이 되어줄 것입니다.

단지 여성의 이야기가 아니라, 우리 모두의 더 나은 직장과 더 나은 사회를 위한 길잡이로서 이 책은 혼자서 읽는 것도 좋지만, 함께 일하는 동료들이나 소중한 이해관계자들과 함께 읽으면 더욱 유익합니다. 무엇보다 이 책은 '변화는 가능한가?'라는 질문에 '그렇다'고 말할 수 있게 합니다. 포용이 개인의 삶을, 조직의 문화를, 사회의 기준을 어떻게 바꾸는지를 구체적 사례와 구조적 인식 전환을 통해 설득력 있게 제시합니다. 읽고 나면, 행동하지 않을 수 없습니다.

이 책을 통해 더 많은 남성들이 '동맹'(allyship)으로 나서기를 기대합니다. 그것이 더 나은 나를 위한 시작이자, 더 나은 세상을 만드는 일이라고 믿습니다.

추천평

조직의 변화를 이끌기 위해서는 개인의 인식 전환이 먼저 이루어져야 합니다. Gary Ford의 책은 성평등과 여성역량강화에 관심이 있는 분뿐만 아니라, 더 나은 리더가 되고자 하는 모든 이들에게 권하고 싶은 책입니다. 저자는, 특별한 악의 없이 발생하는 무의식적 성 편견의 사례를 현실적인 언어로 풀어내며 남성 동맹(male allyship)의 중요성을 강조합니다. 저희가 서울에서 개최했던 유엔여성기구(UN Women)의 2023년, 2024년 컨퍼런스에서 Gary님은 이 책의 내용을 총 400여명에게 발표했고, 저는 현장에서 수많은 리더들이 자신의 편견을 자각하고 포용적 리더십으로 나아갈 용기를 얻는 모습을 직접 볼 수 있었습니다. 조직의 다양성과 포용성을 고민하는 모든 분들께 이 책을 추천합니다.

- 이아정 유엔여성기구 지식·파트너십 센터 대외협력팀장

다양성과 포용성 확보는 조직의 성과를 높이는 데 그치지 않고, 초고령·인구축소 사회에서 조직의 지속가능성과 생존을 좌우하는 핵심 전략이다. 이 책은 DEI에 대한 선언에 머무르지 않고, 변화를 실천으로 이끄는 구체적 방법론과 자료를 충실히 담고 있다. 조직문화 전환을 고민하는 리더와 실무자에게 실용서 이상의 역할을 해줄 책이다.

- 서정주 한국에자이 기업사회혁신 이사

저자인 Gary Ford는 유엔여성기구 주관 행사에서 만나게 되었고, 우연한 성차별과 남성들에게 동기를 부여하는 경험을 성공 사례와 함께 전해주었습니다. 게리님의 연사를 통해 여러 기업의 리더님들과 변화하는 시대의 조직내 인력 구조와 운용에 대해서 함께 공감하며 고민을 나누었습니다. 저 역시 ESG와 지속가능경영 분야에서 성별 포용성을 강조하며 변화를 촉진해온 리더로서, 이 책이 대한민국 리더들에게 성평등의 중요성을 깊이 각인시켜줄 것을 확신하며, 아름답고 지속가능한 직장을 꿈꾸는 모든 리더들의 필독서가 되기를 바랍니다. 변화의 시작은 바로 지금 이 책을 열어 보는 그 순간입니다.

- 김종철 콜마홀딩스 지속가능경영사무국장

조직에서 한번이라도 다양성과 포용성을 고민했다면 조직과 개인 모두를 위해 반드시 읽어야 할 지침서이다. 특히, 더 나은 성과와 행복한 조직을 만들기 위해 고민하는 리더에게 구체적인 사례와 실질적 조언을 제공한다. 다양성에 대해 여성의 관점이 아닌, 남성의 관점에서 색다르게 접근하고, 우리가 행동하는 무의식적 편견에 대해 섬세한 통찰력을 제시한다. 그동안 다양성과 포용성은 조직의 경쟁력 강화를 위한 목적으로 논의되어 왔지만, 앞으로 우리사회 전반에서 수용하고 실천해 가야 할 중요한 어젠다 이다. 무엇을 어떻게 다르게 할 수 있을지 고민하고 있다면 이 책이 해결책을 제시할 것이다.

- 황애경 매트라이프생명 사회공헌재단 이사

조직의 리더로서 어느 날 문득 인지하지 못한 편향과 의도치 않은 차별이 우리 안에 존재함을 깨달았을 때의 막막함이 생각납니다. 포용적인 조직을 꿈꾸었지만, 어디서부터 시작해야 할지 길을 찾기 어려웠습니다. 『차별할 의도는 없었습니다만』은 그 가이드를 제시합니다. 이 책은 우리가 무엇을 모르고 무엇을 잘못 알고 있는지 일깨우고, 구성원 개인부터 최고경영진까지 따로 또 같이 변화를 시작할 수 있는 구체적 방안을 제안합니다. 특히 리더들에게 무의식적 성차별을 넘어 진정한 다양성과 포용의 문화를 만들어가는 용기와 지혜를 선사할 것입니다. 많은 사람들이 함께 읽고 행동으로 옮겨서 보다 많은 조직들이 모두를 위한 일터가 되어가기를 희망합니다.

- 허재형 루트임팩트 대표

Introduction
서문

이 책은 성 다양성과 포용성을 다루지만, 특히 남성에게 초점을 맞추어 다룹니다. 남성들이 직장 동료들과 젠더 이슈에 대해 어떤 생각과 대화를 나누는지 구체적으로 살펴봅니다. 그런데 지금처럼 남성 중심으로 세상이 움직여 온 현실에서, 또다시 남성만을 주제로 한 책이 과연 필요할까요? 실제로 역사, 문학, 영화, TV, 과학 연구 등 대부분의 영역은 남성의 경험, 신체, 생각과 믿음을 중심으로 서술되어 왔으며, 인구의 절반 이상을 차지하는 나머지 사람들은 대체로 소외되어 왔습니다.

왜 남성에게 젠더 이슈를 이야기해야 하는가?

그렇다면 왜 다시 남성에 대한 책일까요? 직장에서의 기회균등은 보편적인 인간의 문제이지만, 남성들은 이 문제에 대해 대체로 침묵해 왔습니다. 일반적인 통념과는 달리, 의도적으로 여성을 배제하거나 간과하고 여성의 성장을 저해하려는 남성은 거의 없습니다. 실제로 이러한 가능성을 제기하면, 대부분의 남성은 그 생각 자체에 상당한 불쾌감을 느낍니다.

여성들이 겪는 여러 기회 불평등이 남성들에게는 명확히 보이지 않는 경우가 많습니다. 이는 근본적으로 남성들이 함께 일하는 여성 동료들이 자신과는 다른 경험을 할 수 있다는 사실 자체를 떠올리지 못하기 때문입니다. 이는 의도한 것이 아니며, 심지어 무관심의 결과도 아닙니다. 이는 생각하지 못한, 즉 문제 자체를 인식하지 못하는 상태입니다.

어쩌면 이는 놀라운 일이 아닐지도 모릅니다. 남성들은 여러 세대에 걸쳐 남성의 시각이 곧 '보편적인' 시각으로 여겨지는 세상에서 성장했기 때문입니다. 남성들이 의도적으로 성차별적인 접근을 하는 것은 아니지만, 그들 행동의 결과가 성차별적일 때가 많습니다. 이는 전적으로 우연한 결과입니다.

이것이 바로 저자들인 개리(Gary)와 스티븐(Stephen)이 자신들이 이끌고 함께 일했던 팀 내에서 성평등한 기회를 만들기 위해 노력하며 깨달은 점입니다. 그리고 바로 이 '우연한 성차별'이 이 책의 제목에 영감을 주었습니다.

하지만 '우연한 성차별주의자'라고 해서 그 행동의 결과에 대한 책임까지 면제되는 것은 아닙니다. 물론 시간이 흐르며 많은 점이 개선된 것은 사실입니다. 그러나 영국(UK), 미국(US), 인도(India)와 같은 국가들에서 나타나는 성별 임금 격차나, 기업 내 중간 관리자급에 머물러 있는 여성 관리자의 수에 비해 리더십 팀의 대다수를 남성이 차지하는 현실을 살펴보면, 변화는 여전히 미미하다는 것을 알 수 있습니다. 이러한 문제를 유색인종 여성에게 적용해 보면, 상황은 훨씬 더 심각합니다.

물론 저희가 모든 해답을 가지고 있다고 말씀드리려는 것은 아닙니다. 하지만 대부분의 남성이 이 주제를 외면하도록 방치해 온 것이 결코 성공적인 전략은 아니었다고 단언할 수 있습니다. 더 많은 남성을 대화에 참여시키고, 직장 내 성불평등 문제와 그 중요성에 대한 이해를 높여야 합니다.

저희는 남성들이 동료들, 잠재적 직원들, 그리고 유급 노동에 종사하는 여성 가족 구성원들과 어깨를 나란히 하고 협력하여 더 성평등한 직장을 만드는 것이 올바른 일일 뿐만 아니라, 결과적으로 남성 자신의 삶 또한 개선될 것이라는 점을 깨닫기를 바랍니다.

이 책은 바로 그 남성들의 참여를 시작하는 방법에 관한 안내서입니다. 어떻게 남성들과 대화를 시작하고, 그 대화를 지속하며, 그들이 직장 내 성평등을 위한 동맹으로서 행동하도록 돕는 방법을 다룹니다.

여기서 '동맹(Ally)으로서 행동한다'는 것은, 팀이나 조직의 지배적 문화에 상대적으로 잘 맞지 않는 사람들이 겪는 사소한 일상적 사건들이 누적되어 결국 경력에 치명적인 결과를 초래하는 현상(마치 수천 번 베인 상처로 서서히 죽어가는 것과 같은)'을 이해하는 것을 의미합니다. 또한 누군가가 소외되거나 그의 행동이 이중 잣대로 평가받는 상황을 인지하고, 그를 지원하고 기회균등을 가로막는 장벽을 제거하기 위해 행동하는 것을 의미합니다.

그렇다면 이 안내서는 누구를 위한 것일까요? 첫째, 남성을 위한 책입니다. 여기에는 조직 내 소속감 형성에 비교적 어려움이 적었던 남성들뿐 아니라, 나름의 어려움을 겪어온 남성들까지 모두 포함됩니다.

저희는 남성들이 '네, 저도 우연한 성차별주의자처럼 행동했던 때가 있었습니다'라고 인정하면서도, 동시에 '하지만 저는 변할 수 있습니다'라고 말할 수 있기를 바랍니다. 남성들이 비난이나 죄책감을 느끼기보다는, 자신의 지식에 부족한 부분이 있을 수 있으며 더 배워나가야 한다는 점을 인식하기를 원합니다. 또한 혼란스럽거나 불확실해도, 혹은 항상 옳은 행동이 무엇인지 알지 못해도 괜찮다고 느끼기를 바랍니다. 우리 대부분이 그렇기 때문입니다.

그리고 남성들이 성별 포용성의 장벽을 인지했을 때, 이에 대해 무엇을 해야 할지에 대한 실질적인 조언을 제공하고자 합니다. 채용하는 인재 풀의 성별 다양성을 넓히는 법, 승진 과정에서 편견을 없애는 법, 개인의 일상적인 행동 때문에 여성들이 잠재력을 발휘할 동등한 기회를 얻지 못하는 여러 문제를 해결하는 법 등에 대한 조언입니다. 누가 발언 시간을 가장 많이 갖는지, 누가 개인적인 친분 관계에 있거나 '괜찮은 친구처럼 보이는지', 누구에게 세간의 이목을 끄는 업무가 주어지는지와 같은 요인들의 영향력을 고려하는 법도 다룹니다. 시간이 지나면서, 이 모든 것들이 관리자들이 소위 '실력'에 기반하여 누구를 승진시킬지 결정하는 방식에 영향을 미치게 됩니다.

이 책은 여성 독자분들께도 큰 도움이 될 것입니다. 성공 가도를 달려온 여성분들은 물론, 앞에서 언급한 '수천 번 베인 상처로 서서히 죽어가는' 듯한 경력상의 어려움을 경험한 여성분들 모두에게 유익할 것입니다. 우리는 오랫동안 남성 중심으로 만들어진 직장에 여성을 '끼워 맞추려는' 노력을 해왔습니다. 그 결과 많은 여성이 이미 성평등 문제에 깊이 공감하고 있음을 알고 있습니다.

뿌리 깊은 사회적 성 역할 기대에 남성과 여성 모두 영향을 받기에, 남녀 누구나 우연한 성차별적 방식으로 행동할 수 있습니다. 주변의 남성과 여성 모두에게 이 책을 권해주시기를 바랍니다. 우리 모두가 좀 더 포용적이고 더 공평한 직장을 만들기 위해 각자 실천할 수 있는 유용하고 실질적인 조언들을 제공하기 때문입니다.

마지막으로, 이 책은 포용성을 최우선 과제로 삼고 싶지만 최선의 방법을 모르거나 기존의 시도들이 충분한 효과를 거두지 못했다고 느끼는 기업 및 공동체 리더분들을 위해서도 쓰였습니다. 설령 현재 추진 중인 방법이 효과가 있더라도, 저희가 제안하는 몇몇 방법들은 여전히 도움이 될 수 있습니다.

인정하든 안 하든, 우리 모두는 - 남성이든 여성이든 - 우연한 성차별주의자처럼 행동할 수 있습니다. 가장 중요한 질문은 이것입니다: 이제 어떻게 행동하시겠습니까?

변화를 위한 우리의 선언문

변화를 뒷받침하는 비즈니스 논리는 명확합니다. 다양성과 포용성을 진정으로 수용하는 기업은 수익성이 더 높고, 더 뛰어난 혁신을 이루고, 더 나은 고객 경험을 제공한다는 다수의 연구 결과가 있습니다.[2, 3, 4]

이러한 기업들은 건강 및 안전 문제로 기업 평판이 손상될 가능성이 낮으며, 직원들의 참여도와 동기부여 수준이 더 높고, 신규 고객을 확보할 가능성 또한 더 큽니다.

이 모든 혜택에도 불구하고, 왜 변화는 더디게 진행되는 것일까요? 왜 수많은 기업이 성별 임금 격차를 해소하는 데 의미 있는 진전을 이루지 못하고 있는 것일까요? 왜 2020년 FTSE 250 (런던 증권거래소에 상장된 시가총액 상위 250개 기업-옮긴이) 기업의 여성 CEO는 단 7명에 불과했으며(2017년 9명에서 감소), 그중 왜 유색인종 여성은 한 명도 없었던 것일까요?[5] 미국에서는 최고 경영진(C-suite) 임원 25명 중 단 1명만이 유색인종 여성입니다.[6]

왜 FTSE 250 기업의 여성 임원 비율은 단 8.3%에 불과할까요?[7] 많은 산업 분야의 중간 관리직급에서는 여성 비율이 상당히 높음에도 불구하고, 왜 기업 내 직급이 높아질수록 여성의 수가 급격히 줄어드는 것일까요? 예를 들어, 맥킨지 앤드 컴퍼니(McKinsey and Company)가 2020년에 조사한 미국의 317개 기업 사례를 보면, 여성은 관리자의 38%를 차지했지만 최고 경영진(C-suite)에서는 단 21%에 불과했습니다.[8]

그렇다면 기업들은 변화를 만들어낼 수 있는 핵심 분야에 과연 적절한 수준으로 투자하고 있을까요? 많은 조직이 다양성 확보에만 초점을 맞춰왔고, 이는 주로 더 많은 여성과 유색인종을 채용하는 방식으로 나타났습니다. 하지만 이제는 포용성에도 그만큼의 노력을 기울여야 할 때입니다.

여기서 포용성이란 모든 구성원이 마땅히 기대해야 하지만, 노력을 통해서만 얻을 수 있는 소속감과 가치 인정(sense of belonging and being valued)을 느끼는 것을 의미합니다. 이는 성별, 민족(ethnicity), 종교, 성적 지향(sexuality), 또는 장애 때문에 주류 문화로부터 소외감을 느끼는 모든 사람을 포용하는 것을 의미합니다. 이러한 소속감과 자신의 기여도에 따라 공정하게 평가받고 있다는 느낌이 없다면, 어렵게 채용한 다양한 인재는 사기가 꺾이고 조직 몰입도를 잃어 결국 떠나게 될 것입니다.

저희는 많은 기업이 다양성과 포용성(Diversity & Inclusion, D&I) 전략을 가지고 있다고 이야기하는 것을 보아왔습니다. 이들 기업은 자사 웹사이트에 그 전략과 가치의 중요성을 설명하는 훌륭한 자료들을 게시합니다. 하지만 그것만으로 충분할까요?

몇몇 행사를 후원하거나 무의식적 편견에 관한 단기 온라인 교육 과정을 운영하기는 쉽습니다. 그러나 진정한 포용성은 조직 문화와 모든 구성원의 업무 방식 깊숙이 내재되어야만 합니다.

관리직이나 리더십 위치에 있는 사람이라면 누구나 포용성에 대해 배우고 이해하는 데 시간을 투자해야 합니다. 우리 모두 사회에 성불평등이 존재한다는 사실은 알지만, 과연 얼마나 많은 사람이 시간을 내어 이것이 자신의 직장에서는 어떻게 나타나는지 이해하려 노력했을까요?

관련 연구를 찾아 읽고, 토론과 대화를 위해 자원을 할당한 사람은 얼마나 될까요? 인지 편향이 자신의 업무 방식, 의사 결정, 그리고 직원들의 참여도나 동기부여 수준에 어떤 영향을 미치는지 완전히 이해하고 있는 사람은 과연 얼마나 될까요? 이처럼 깊이 있는 학습 없이는 결코 사람들의 마음과 생각, 행동을 변화시킬 수 없을 것입니다.

무엇보다 중요하게는, 포용을 실현하기 위해서는 단순히 인식과 이해를 높이는 것만으로는 부족합니다. 이는 시작일 뿐입니다. 물론 조직의 절차와 시스템도 변해야 합니다. 또한 사람들이 매일 무엇을 다르게 행동해야 하는지 명확히 아는 것이 필수적입니다. 일반적으로 행동의 변화가 태도의 변화를 이끄는 경향이 있으며, 그 반대는 아닙니다.

요컨대, 포용과 기회균등은 단순히 여성만의 문제가 아니라 우리 모두의 문제입니다. 다른 사람들이 공평하게 대우받지 못할 때, 주류에 속한 남성들은 더 이상 방관자로만 머물러 있을 수 없습니다. 왜냐하면 동맹으로 행동하는 남성들이 얻을 수 있는 것이 많기 때문입니다.

남성에게는 어떤 이점이 있는가?

포용을 위한 동맹이 되는 것은 남성에게 여러 가지 이점을 가져다줍니다.[9, 10] 몇 가지 예를 들면 다음과 같습니다:

1. **정서 지능이 향상됩니다:** 다른 사람이 자신과 어떻게 다르게 생각하는지 이해하려 노력하고, 그들의 경험을 개선할 방법을 모색하는 과정에서 코치이자 리더로서 발전하는 데 도움이 됩니다.
2. **더 생산적이고 창의적이며, 전반적으로 더 나은 성과를 내는 팀에서 일하게**

됩니다:[11] 이는 서로 다른 관점과 경험을 가진 구성원들의 기여가 장려되고 존중받는 팀에서 나타나는 '사고의 다양성'이 가져오는 혜택입니다.

3. **더 나은 제품과 서비스를 만드는, 더 나은 팀을 구축하게 됩니다:** 팀의 다양성을 높여 균형을 개선하면 자신과 팀 모두의 학습 잠재력이 향상됩니다. 제공하는 제품이나 서비스 개발에 다양한 사고가 더 많이 반영될수록 더 폭넓은 고객층에게 매력적으로 다가갈 것이며, 이는 더 많은 고객과 수익, 보상으로 이어질 것입니다.

4. **자신의 업무를 더 잘 수행하게 됩니다:** 다른 세계관을 수용하면 더 효과적인 관리자로 성장하는 데 도움이 될 수 있습니다. 관리직이 아니거나 스스로를 리더라고 생각하지 않더라도, 사람들을 훨씬 더 효과적으로 대하는 능력을 키워 자신의 경력에 도움을 받을 수 있습니다.

5. **개인적인 관계가 향상됩니다:** 다른 직원들과 더 개방적이고 평등한 대화를 나누는 데 능숙해지면서 그들과 더 좋은 관계를 형성하게 됩니다. 이는 또한 직장 밖 주변 사람들, 즉 파트너, 자녀, 친구들과의 관계에도 긍정적 영향을 줄 것입니다.

6. **개인의 회복탄력성을 높일 수 있습니다:** 동맹이 됨으로써, 힘든 시기에 지지자가 되어 줄 직장 안팎의 사람들과 지원 네트워크를 구축하게 됩니다.

7. **소위 '남성성 규범의 틀(맨박스)'을 부술 수 있습니다:**[12] 성 역할 기대에 도전하는 것은 남성들이 가정생활에 더 많이 참여하고 직장 밖에서 더 충만한 삶을 살도록 도우며, 생계 부양자가 되어야 하고 야망을 가져야 하며 일을 우선시해야 한다는 사회적 압박감에서 오는 정신적, 육체적 부담을 덜어줍니다.

8. **직장 생활이 더 즐거워집니다:** 저희는 다양성과 포용성을 주제로 한 여러 멋진 행사에 참여해 본 경험이 있습니다. 이러한 행사는 모든 사람의 기분을 좋게 만들고, 참여자들은 활력과 동기를 얻어 돌아갑니다.

모든 조직은 구성원의 성과 향상을 추구하며, 이는 구성원들이 각자의 다양한 기여에 구애받지 않으면서도, 바로 그 기여의 다양성 때문에 환영받고 존중받으며 가치 있다고 느낄 때에만 가능합니다. 생각의 다양성은 성 정체성, 인종, 민족, 성장 배경, 사회 계층, 성격 유형 등의 다양성에서 비롯됩니다. 생각의 다양성은 더욱 풍부한 토론, 아이디어와 생각에 대한 더 완전한 설명, 더 엄밀한 검증을 장려하며, 이를 통해 더 나은 결정을 내리고 더 효과적으로 실행하도록 이끌어줍니다. 다양성과 포용은 성공적인 팀과 생산적인 조직을 이끄는 원동력이며, 이는 남성뿐 아니라 우리 모두에게 유익합니다.

왜 우리가 나섰나?

10년 전, 만약 누군가 우리 두 사람 – 스티븐(Stephen)과 개리(Gary) – 에게 앞으로 성평등을 위한 남성 동맹이 될 것이라고 말했다면, 아마 웃어넘겼을 것입니다. 물론 기술 업계에서 일하면서 남성보다 여성의 수가 더 적다는 사실은 분명히 알고 있었습니다. 하지만 그것이 과연 우리의 문제였을까요?

딸을 둔 아버지로서 모든 아이에게 기회균등을 보장해야 할 필요성은 인식했을지도 모릅니다. 그렇다고 우리가 나서서 해결해야 할 더 광범위한 문제가 있었던 것일까요? 분명 기회균등 관련 정책들은 이미 제 역할을 다 한 것이 아니었을까요? 하지만 그 이후 여러 변화를 겪으면서, 저희는 현실 안주에서 벗어나 적극적으로 참여하게 되었습니다.

개리(Gary)
'성평등을 위한 남성 동맹이 되기 위한 저의 여정은 약 5년 전에 시작되었습니다.

제가 근무했던 회사는 기술 분야에 여성이 부족할 뿐만 아니라, 그 문제가 점점 더 심각해지고 있다는 사실을 인식하기 시작했습니다. 당시 저희 회사에는 약 5만 명이 기술 분야에서 일하고 있었는데, 그중 여성 비율은 20%를 약간 넘는 수준이었습니다. 회사는 새로운 네트워킹 그룹인 '기술 분야 여성 네트워크'(Women In Technology, WIT)를 만들기로 결정했습니다. 저는 회사 내 시니어 리더로서 WIT의 후원자 중 한 명으로 참여해 달라는 요청을 받았습니다.

'솔직히 고백하자면, 처음 몇 달간 저는 상당히 수동적인 후원자였습니다. 한 달에 한 번 정도 팀과 만나 전략, 목표, 진행 상황을 검토하고 월례 네트워킹 행사에도 참여하는 정도였습니다. 행사에 참여하면 50여 명의 여성들 사이에 남자는 저 혼자인 경우가 잦았습니다 (이는 IT 업계에서 많은 여성들이 겪는 경험을 아이러니하게 뒤집어 놓은 상황이었죠).

'그 초기 몇 달 동안 저희는 연구 자료들을 살펴보고, 학계 및 업계 리더들의 강연을 듣고, TED Talks 강연을 시청하며 관련 서적을 읽었습니다. 왜 학교와 대학에서 컴퓨터 공학을 공부하는 여성이 남성보다 적은지, 그리고 IT 분야에서 일하게 되더라도 왜 남성보다 훨씬 더 자주 그만두는지 그 이유를 깊이 파고들었습니다.[13, 14] 저는 이 주제에 점점 더 매료되면서, 스스로 얼마나 무지했는지 절실히 깨닫기 시작했습니다.

'그전까지 저는 스스로를 꽤 괜찮은 관리자, 즉 팀의 모든 구성원을 공정하고 평등하게 대하는 사람이라고 생각해 왔습니다. 하지만 성평등 연구를 통해, 제가 팀 내 많은 구성원들 – 비단 여성뿐 아니라 – 의 실제 경험에 대해 제대로 생각해 보지 못했다는 것을 깨달았습니다.

'두 가지 점이 제게 분명해졌습니다. 첫째, 제가 다양성과 포용성에 관한 강력한 학습 여정에 들어섰다는 것, 그리고 둘째, 이 대화에 참여하는 남성들이 거의 없지만, 정작 이 대화가 가장 필요한 대상이 바로 남성이라는 점이었습니다.

'남성 동맹으로서의 활동 덕분에 제가 더 나은 관리자, 더 나은 코치, 더 나은 리더, 더 나은 아버지, 더 나은 파트너, 그리고 더 나은 친구가 되었다고 솔직하게 말씀드릴 수 있습니다. 한마디로 더 나은 인간이 된 것입니다.'

스티븐(Stephen)

'저의 여정도 개리(Gary)와 비슷한 시기에 시작되었습니다. 제가 근무했던 회사는 소위 '알파 메일(alpha male)' 문화가 있었는데, 시간이 갈수록 점점 더 불편하게 느껴졌습니다. 리더십 역할을 맡은 여성의 수가 제가 예상했던 것보다 적었습니다. WIT 그룹을 지원하려 노력했지만, 행사에 참여하는 여성은 일부에 그쳤고 남성은 거의 없다는 것을 알게 되었습니다.

'조직 내 더 많은 여성과 이야기를 나누면서, 회의나 경영진의 의사 결정 과정에 여성들에게 영향을 미치는 문제와 편견이 스며들고 있다는 것을 깨달았고, 이러한 점들이 제 눈에 점점 더 뚜렷하게 보이기 시작했습니다. 저희가 여성 인력을 조직에 영입하는 데 집중하는 동안에도, 일단 합류한 여성들의 경험은 그다지 긍정적이지 않은 경우가 많았고, 이 문제에 대해 조치를 취해야 할 필요성을 느꼈습니다.

'또한 회사 내 포용성을 개선하려면 조직 내 일부 여성들만 참여시켜서는 안 된다는 것도 깨달았습니다. 대다수 구성원의 참여가 필요했고, 이는 곧 남성들이 문제를 이해하고 무엇을 바꿀 수 있을지 고민하도록 참여시킬 방법을 찾아야 한다는 의미였습니다. 조직 내 남성들과 대화해보니, 문제 행동 상당수가 눈에 띄지 않은 채 넘어가고 있다는 사실이 분명해졌습니다.

'저는 공정함에 대한 강한 신념이 있었고, 회사가 모든 구성원이 편안함을 느끼고 성공할 수 있는 곳이 되기를 바랐기에, 저와 뜻이 맞는 사람들을 찾아 무엇을 할 수 있을지 알아보기로 마음먹었습니다.'

2016년, 저희는 여성 동료들과 협력하여 WIT를 지원하는 남성 동맹 그룹을 결성하기로 결정했습니다. 이 새로운 활동의 초점은 더 많은 남성이 성평등 논의에 참여하도록 독려하고, 여성 동료들과 협력하여 왜 기술 분야에서 일하기를 선택하는 여성이 그토록 적은지 이해하는 데 있었습니다.

여성들의 경험에 대한 피드백을 수집하여, 저희 소규모 팀은 남성들이 여성에 대한 자신의 태도는 물론 더 넓은 다양성과 포용성 주제까지 탐색해볼 수 있도록 강력하고 참여를 유도하는 워크숍을 만들었습니다.

2017년 말까지 이 워크숍은 회사 내 1,000명 이상의 남성 직원에게 제공되었으며, 2018년에는 프로그램이 싱가포르(Singapore), 인도(India), 아르헨티나(Argentina), 미국(US)으로 확대되었습니다. 기술 부문에서의 성공에 힘입어, 2018년 9월에는 회사 전체를 대상으로 하는 남성 동맹 프로그램이 출범했습니다.

저희의 프로그램은 삶과 일터 모두에서 저희의 사고방식과, 바라건대,

행동 방식까지 바꾸어 놓았습니다. 저희의 사명은 다른 사람들도 비슷한 여정을 시작하도록 영감을 줄 수 있기를 바라며 저희의 경험을 나누는 것입니다.

관점

저희가 전 세계 인구의 절반을 대표한다거나, 저희의 메시지가 모든 남성의 생각과 말을 대변한다는 인상을 드리려는 의도는 없습니다. 저희는 수천 명의 남성 및 수백 명의 여성과 그들의 실제 경험에 관해 이야기하며 얻은 저희의 경험과, 깨어 있는 소수 동료들의 경험을 나누고자 할 뿐입니다. 저희가 발견한 내용들을 몇 가지 핵심 주제로 요약했지만, 이것이 결코 남성의 경험에 대한 최종적인 견해는 아닙니다. 저희는 많은 것을 배웠지만, 여전히 배워야 할 것이 엄청나게 많습니다.

또한 여성 독자분들께 저희가 그분들이 겪는 억압에 대해 소위 '맨스플레인(mansplane)'을 하고 있다는 인상을 드리고 싶지도 않습니다. 그것은 저희의 목표가 아닙니다. 저희는 여성을 '위해서' 일하는 것이 아니라, 여성과 '파트너로서' 협력합니다. 여성들이 남성의 '도움'을 원하거나 필요로 한다고 암시하는 것은 문제를 악화시킬 뿐입니다. 많은 여성이 자신의 경력에서 성공을 거두고 있습니다. 저희의 목표는 수십 년간 지속된 권력 불균형을 바로잡고, 그로 인해 발생한 무의식적 편견을 극복하는 것입니다. 이러한 목표를 위해, 저희는 대화를 나누었던 일부 여성들이 겪었던 어려움들을 공유하여, 남성들이 여성 동료들의 실제 경험을 더 깊이 이해하도록 돕고자 합니다. 이러한 파트너십의 정신으로,

이 책의 세 번째 저자로 질 암스트롱(Jill Armstrong) 박사가 함께했습니다.

질(Jill)

'제가 이 책에 기여한 부분은 케임브리지 대학교(University of Cambridge) 머레이 에드워즈 칼리지(Murray Edwards College)에서 5년간 이끌었던 '남성과의 협력(Collaborating with Men)' 연구 프로젝트에 기반합니다. 연구 초기에 저희는 놀랍게도 저희 대학 여성 동문들이 일과 가정생활의 균형 문제보다도 비우호적인 직장 문화가 자신의 경력 발전에 더 부정적인 영향을 미친다고 느낀다는 점을 발견했습니다.

'이 부분을 더 깊이 파고든 결과, 많은 여성이 조직에 잘 맞지 않는다고 느끼거나, 자신의 성과가 간과된다고 여기거나, 승진하기 위해 남성 동료들보다 더 열심히 노력하고 더 뛰어나야 한다고 생각하거나, 혹은 다른 기준을 적용받는다고 느낀다는 사실을 알게 되었습니다.

'조사 과정에서 저희는 여성들이 보고하는 종류의 어려움에 대한 남성들의 견해에 관해서는 연구가 거의 이루어지지 않았다는 점을 발견했습니다. 이를 계기로 저희는 무의식적 성 편견이 일상에 미치는 결과에 대한 남성들의 인식을 조사하고, 그들의 견해를 여성들의 견해와 비교하게 되었습니다. 여기서 드러난 인식의 성별 차이는 저희가 다양한 분야의 여러 직장에서 운영했던 워크숍에서 대화를 시작하는 아주 좋은 출발점이 되었습니다. 이 워크숍들을 통해 저희는 이러한 문제들을 회사 차원에서 해결하는 방법뿐만 아니라, 개인의 행동 방식을 변화시키는 방안까지 모색하며 논의를 진행했습니다.

'보고서들을 발표한 후, 저는 다양성과 포용성에 관한 여러 행사에 연사로 초청받았습니다. 이를 통해 스티븐(Stephen)과 개리(Gary)를 만났고, 그들의 인상적인 남성 동맹 프로그램에 대해 알게 되었습니다. 저는 직장 내 성평등 문제가 남성과 여성이 함께 노력해야만 해결될 수 있다고 믿습니다. 그렇기에 이 책에 저의 목소리를 더하게 되어 매우 기쁩니다.

'저의 기여는 직장 내 성불평등에 관한 학술 연구 지식에 바탕을 두고 있습니다. 특히 일상적인 우연한 성차별과 편견, 그리고 남성들이 직장에서 다양성과 포용성에 대해 말하는 내용에 중점을 두었습니다. 또한 개인과 팀이 보다 포용적인 문화를 만들기 위해 어떻게 행동을 변화시킬 수 있는지에 대한 여러 제안도 담았습니다.'

'젠더(gender)'라는 단어의 의미

이 책 전반에 걸쳐 저희가 '남성'과 '여성'이라고 쓸 때는, 다른 사람들이 직장 동료의 성별을 보고 인식하고 명명하는 방식을 지칭합니다. '남성'과 '여성'이라는 용어는 젠더라는 스펙트럼 전체를 아우르지는 못합니다. 저희는 트랜스젠더 남성과 여성이 이 책에서 다루지 않은 어려움을 겪는다는 것을 알고 있습니다. 또한 남성 또는 여성이라는 성별 정체성을 갖지 않는 분들이 계시다는 점도 인지하고 있습니다. 혹시 저희의 표현으로 불편함을 느끼셨을 분이 계시다면 사과드립니다. 만약 그러한 경우가 있다면, 저희의 배움을 넓히는 데 도움이 되도록 연락 주시면 감사하겠습니다.

그럼에도 불구하고 저희가 다소 성별 이분법적인 접근 방식을 취하는 이유는 남성 동맹의 참여를 유도하는 데 초점을 맞추고 있기 때문입니다. 또한 이는 저희가 직장 내 포용성에 대해 이의를 제기하고 싶은 점, 즉 사람들을 특정 '이해관계 집단' – 이 경우에는 '여성'이라는 집단 – 으로 분류하여 고립시키는 경향을 반영하기도 합니다.

진정한 포용이란 여성 정체성의 여러 측면(성별, 민족, 인종, 사회 계층, 종교 등)이 어떻게 서로 교차하고 중첩되는지를 반영해야 합니다. 이는 종종 '교차성'이라고 불립니다. 특히 저희는 유색인종 여성의 경험을 고려해야 할 필요가 있습니다. 그들은 다른 소수 집단에 속해 있다는 이유로 더 큰 어려움에 직면하기 때문입니다. 백인 여성의 경험과 중첩되는 부분이 있지만, 그들이 겪는 문제와 동일하지는 않습니다.

이 책은 저희의 전문 분야인 성별 포용성에 중점을 둡니다. 그렇긴 하지만, 저희는 모두의 이익을 위해 우리가 함께 취할 수 있는 행동에 대한 많은 제안을 담고 있습니다. 물론, 서로 다른 집단에게는 각기 다른 해결책 또한 필요합니다. 저희는 성별, 인종, 사회 계층, 종교, 질병 유무 등 사람들을 '외부자'로 만들거나 직장에서의 기회균등에 대한 접근을 방해할 수 있는 그 어떠한 특성과 관계없이, 모든 집단에 걸친 포용의 중요성을 진심으로 믿습니다.

이 책의 많은 부분은 남성들(특히 주류 집단의 남성들)을 어떻게 대화에 참여시킬 것인가에 관한 내용입니다. 저희는 젠더가 이러한 대화를 시작하는 꽤 좋은 출발점이라고 생각합니다. 그리고 이는 종종 남성들이 과거에는 피하거나 무시했을지도 모르는, 자신과 다른 다양한 집단들을 더 선뜻 포용하게 되는 결과로 이어지기도 합니다.

따라서 이것이 시작점일 뿐, 저희가 궁극적으로 도달해야 할 목표 지점은 아님을 인지하고 있습니다. 앞으로 보시겠지만, 저희 또한 여정의 시작에서 불편한 대화를 받아들여야 했고, 이는 독자 여러분도 마찬가지일 것입니다. 하지만 대화를 거듭할수록 점점 더 쉬워집니다. 이것이 저희가 배운 가장 큰 교훈 중 하나입니다. 즉, 대화를 더 많이 나누고 불편함에 더 익숙해지는 것입니다.

이 책에서 무엇을 기대할 수 있는가?

저희 스티븐(Stephen), 개리(Gary), 그리고 질(Jill)은 독자 여러분 – 특히 남성들, 그중에서도 조직 내에서 권한이나 영향력을 가진 위치에 있는 분들 – 께 직장 생활(그리고 바라건대 개인적인 삶에도) 도움이 될 만한, 뭔가 다르게 실천할 수 있는 몇 가지 실용적인 제안을 드리고자 합니다.

이 책은 다음과 같은 내용을 제공합니다:

1. 사람들, 특히 남성들이 직장 내 성평등과 더 넓은 의미의 포용성이 왜 그토록 중요한지 이해하도록 돕습니다.
2. 여성 동료들의 실제 경험에 대한 피드백을 공유하여, 변화가 필요하다는 점을 명확히 보여줍니다.
3. 다른 사람들이 평등, 다양성, 포용성에 대해 더 잘 배우는 데 도움이 되도록 저희의 학습 내용과 자료들을 제공합니다(책 마지막의 '유용한 자료' 섹션을 참조하십시오).

4. 남성들이 성평등에 대해 어떻게 생각하고 무엇을 말하는지에 대한 저희의 통찰을 공유합니다.

5. 성평등 또는 소수 집단의 평등을 위한 남성 동맹 프로그램을 만들고자 하는 모든 분께 조언을 제공합니다.

6. 가장 중요하게는, 기업과 개인이 보다 포용적인 환경을 구축하기 위해 무엇을 할 수 있는지에 대한 실용적인 아이디어를 제안합니다.

다음 장에서는 남성들을 이 대화에 참여시키려 할 때 어떤 일이 벌어지는지, 그들이 무슨 말을 하는지, 무슨 생각을 하는지(혹은 적어도 그렇게 생각한다고 말하는지), 그리고 어떻게 반응하는지에 대한 저희의 경험을 공유하겠습니다. 이것이 옳은 일일 뿐만 아니라 남성 자신에게도 어떻게 도움이 되며, 무엇을 다르게 행동할 수 있는지 이야기했을 때 어떤 반응이 나타나는지 살펴보겠습니다.

저희는 개인, 조직 내 리더, 그리고 조직 자체가 저희가 파악한 문제들의 일부를 해결하기 시작하기 위해 무엇을 할 수 있는지 그 개요를 제시하겠습니다. 또한 어떻게 남성들의 참여를 유도할 것인지, 그리고 어떤 대화가 필요한지에 대해 이야기하겠습니다. 더불어 남성과 여성이 어떻게 협력하여 모두에게 더 나은 직장 내 결과를 만들어낼 수 있는지에 대해서도 논의하겠습니다.

저희는 개인과 팀이 일상적인 포용 실천에 도움이 되는 실용적인 팁을 제공하고, 편견의 영향을 줄이며 보다 다양한 인력을 유치하기 위해 채용 관행을 어떻게 바꿔야 하는지 설명하겠습니다. 또한 조직 문화 변화를 실행하고 강화하는 데 중추적인 역할을 하는 인력 관리자들이 팀의 모든 구성원이 **소속감을 느끼도록** 도울 수 있는 방법에 관해 조언하겠습니다. 마지막으로, 포용이 자연스러운 문화로 정착될 수 있도록 조직이 이러한 문화적 변화를 지속시킬 수 있는 방법에 대한 아이디어를 제공하겠습니다.

독자 여러분께서 이 책을 선택해주신 것에 감사드리며, 부디 즐겁게 읽으시기를 바랍니다. 만약 이 책이 가치 있다고 느끼시거나, 더 좋은 아이디어가 있으시거나, 혹은 저희가 말한 내용 중 강하게 동의하지 않는 부분이 있다면, 언제든 저희에게 의견을 들려주시기를 바랍니다. 이 주제에 대한 저희의 배움은 이제 막 시작되었을 뿐입니다.

이 책을 읽는 모든 분께 드리는 핵심 메시지는 다음과 같습니다: 부디 이 책을 여러분의 학습 여정의 일부로 여겨주시기를 바랍니다. 여러분이 얼마나 직급이 높든, 경험이 풍부하든, 좋은 의도를 가졌든 관계없이, 배움에는 끝이 없습니다. 여러분께서도 이에 동의하시기를 바랍니다.

1장

무엇이
문제인가?

많은 사람들이 믿는 것과는 달리, 직장 내 성평등은 아직 완벽하게 이루어지지 않았습니다. 이는 여성 인력 전체는 물론, 고위 리더십 직책에서도 마찬가지입니다. 여성들은 채용된 이후에도 승진에 더 큰 어려움을 겪으며, 조직에 소속감을 느끼기 어렵습니다. 이번 장에서는 이러한 현실을 뒷받침하는 근거를 살펴보겠습니다.

여성 인력의 현황

대부분의 산업 분야에서 여전히 남성이 우위를 점하고 있습니다. 물론 여성 비율이 더 높은 산업이나 분야도 있습니다. 하지만 고위직으로 올라갈수록 여성 비율은 현저히 줄어듭니다. 피플 매니지먼트 컴퍼니(People Management Company)의 에밀리 버트(Emily Burt) 연구원은 "중하위 관리직에서는 여성 비율이 약 70%인 반면, 중상위 관리직에서는 남성 비율이 약 70%로 나타났다"고 밝혔습니다.[1]

전통적으로 남성이 주를 이루던 직업 분야에 더 많은 여성이 진출하도록 장려하는 노력이 많이 이루어졌습니다. STEM(과학, 기술, 공학, 수학) 분야 자격을 취득하는 여성의 수는 증가했지만, 영국(UK)의 2018/19년 대학 졸업자 통계를 보면 핵심 STEM 자격을 갖춘 학생 중 여성은 29%에 불과했고, STEM 기반 직무 전체에서 여성이 차지하는 비율은 24%에 그쳤습니다.[2] 미국(US) 역시 컴퓨터 공학 및 공학 등 여러 STEM 학위 과정에서 여성이 부족합니다(아래 그림 참조). 여성 STEM 졸업생 비율이 가장 높은 국가는 인도(India)로 40%가 넘습니다. 하지만 안타깝게도 이들 중 단 30%만이 노동 인력으로 편입되고, 인도(India)

연구 기관 내 여성 과학자의 비율은 14%에 불과합니다.[3]

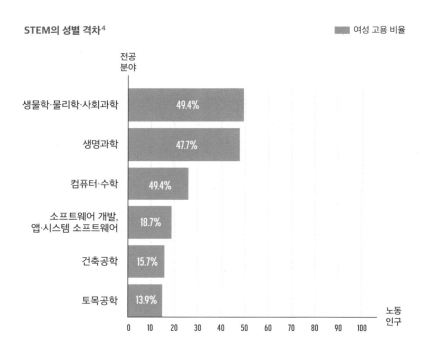

STEM의 성별 격차[4]

■ 여성 고용 비율

점차 더 많은 여성이 노동 시장에 진입하고, STEM 분야에서 더 높은 학력을 취득하며, STEM 기반 직무에 종사함에도 불구하고, 기술, 공학, 건설, 제조, 운송과 같은 핵심 산업에서는 여전히 여성의 수가 현저히 적습니다.[5] STEM 분야를 넘어 모든 부문과 모든 기업을 보더라도, 리더십 역할을 맡은 여성은 남성보다 훨씬 적습니다. 여성 최고경영자(CEO)는 여전히 상대적으로 드뭅니다. 2020년 5월 기준으로 포춘 500(Fortune 500) 기업 CEO 중 여성은 7.4%에 불과했습니다.[6] 정부의 압박에 따라 영국(UK) FTSE 250 기업들은 이사회의 다양성을 개선하는 데 진전을 보이고 있습니다. 집행위원회와 그 직속 보고자 중 여성 비율은 2017년 25.2%에서 2019년 28.6%로 증가했습니다. 하지만 핵심 직책은 여전히 남성이 주도하고 있으며, 최고정보책임자(CIO) 중 여성은 12%, 최고재무책임자(CFO) 중 여성은 16%에 불과합니다.[7]

많은 산업 부문에서 더 많은 여성을 채용하려는 노력에도 불구하고, 고위 직급에서의 성별 불균형은 여전히 지속되고 있습니다. 저희는 금융 서비스 분야에서 근무한 경험이 있습니다. 지난 15년간 은행들은 여성 대졸자를 더 많이 채용하기 위한 계획과 프로그램들을 늘려왔습니다. 그 결과 일부 은행에서는 역사적으로 다양성이 부족했던 정보기술(IT)과 같은 분야를 포함하여 신입 직급에서 여성이 차지하는 비율이 40%를 넘어서기도 했습니다.[8]

그럼에도 불구하고 금융 서비스 기업들은 여전히 여성 직원을 유지하고, 승진시키며, 성장시키는 데 어려움을 겪고 있습니다. 영국(UK) 정부가 의뢰한 한 보고서에서는 금융 서비스 부문에서 여성이 중간 관리직급에서 더 위로 올라가지 못하게 막는 소위 '영구 동토층' 현상을 언급했습니다. 실제로 2015년 기준, 해당 부문 집행위원회에서 여성 비율은 14%에 불과했습니다. 저희는 은행 내에서 직급이 높아질수록 성별 다양성이 감소하는 현상을 계속 목격하고 있습니다.[9] 이는 비단 금융권만의 문제가 아닙니다. 관리직이나 전문직에서 여성 비율이 상당히 높다 하더라도, 최상위 직급으로 갈수록 여성의 비율은 상대적으로 매우 낮아집니다. 영국(UK)의 경우, 변호사의 50%가 여성이지만 로펌의 파트너 변호사 중 여성 비율은 28%에 불과합니다.[10]

관리직으로의 첫 승진 단계에서부터 남성이 여성보다 그 관문을 통과할 가능성이 더 높습니다. 맥킨지 앤드 컴퍼니가 600개의 미국 기업을 대상으로 수행한 연구에 따르면, 관리직으로 신규 채용되거나 승진한 남성이 100명일 때 여성은 72명에 불과했습니다.[11]

같은 보고서의 아래 도표는 이 문제를 명확하게 보여줍니다.

남녀 승진율 비교[12]

	초급 관리자	매니저급	이사급	상무급	전무급	최고위 경영진
백인 남자	35%	44%	51%	57%	59%	66%
유색인 남자	18%	18%	15%	13%	13%	12%
백인 여자	29%	26%	25%	24%	23%	19%
유색인 여자	18%	12%	9%	6%	5%	3%
2020년 여성 비율	47%	38%	33%	29%	28%	21%
2015~2020년 변화율	+5%	+3%	+5%	+4%	+18%	+22%
2015~2020년 여성 점유율 증감	+2.1pp	+1.2pp	+1.5pp	+1.2pp	+4.1pp	+3.7pp

이러한 경향은 시간이 흘러도 계속됩니다. KPMG가 FTSE 100 및 250 기업을 대상으로 경력 경로를 추적 조사한 연구에 따르면, 같은 시기에 경력을 시작한 여성에 비해 남성이 집행위원회에 진출할 가능성이

4.5배 더 높은 것으로 나타났습니다.[13] 저희 경험에 비추어 보면, 남녀를 불문하고 대부분의 관리자는 승진이 실력('merit')에 따라 이루어진다고 생각합니다. 그렇다면 도대체 무엇이 잘못되고 있는 것일까요?

이러한 격차가 왜 발생하는지에 대해 사람들과 이야기해보면, 많은 이들이 출산을 위한 경력 단절과 여성에게 주로 부과되는 육아 책임 때문에 여성들이 조직 고위직까지 오르지 못한다고 추정합니다. 이것이 한 가지 요인이기는 하지만, 다른 많은 이유도 존재합니다. 기업 내부적으로 여성의 유지 및 승진에 더 집중하고, 정책, 절차, 그리고 남녀 관리자들의 행동을 검토하여 편견을 찾아내고 이를 시정하려는 노력이 더 필요합니다.

이러한 편견이 실제로 어떻게 작용하는지를 명확히 보여주는 한 가지 사례가 있습니다. 저희가 한 콘퍼런스에서 만났던 여성이 들려준 이야기입니다. 그녀는 자신이 속한 회사(글로벌 기업의 영국(UK) 지사) 여성 그룹의 공동 의장으로서, 조직 내 최고위급 남성 임원 중 한 명을 만났던 경험을 이야기해주었습니다.

그녀가 그룹을 위해 계획 중인 활동들에 대해 설명하는 좋은 회의를 마친 후, 그 남성 임원이 마지막으로 남긴 말은 다음과 같았다고 합니다: '훌륭한 계획입니다. 조만간 우리 리더십 직책에 더 많은 고위직 여성이 합류하기를 바랍니다. 하지만 여전히 중요한 결정들을 신속하게 내리기 위해서는 저희 같은 '알파 메일' 몇몇이 필요할지도 모르겠습니다.'

우연한 성차별은 어떻게 작동하는가?

직장생활은 지극히 개인적인 것이기에, 일이 잘 풀리지 않을 때 우리 모두 '이건 단지 내 문제일 뿐이야' 또는 '나는 상사와 잘 맞지 않아'라고 생각하는 경향이 있습니다. 하지만 많은 어려움들은 우리가 인식하는 것보다 특정 집단 사람들에게 더 보편적으로 나타나는 경우가 많습니다.

최고위 직책에서 여성의 수가 비례적으로 부족한 현상과 무의식적 편견 사이에는 명확한 연관성이 있습니다. 즉, 오래전에 형성되어 수십 년간 쌓여 온 사회적 규범에서 비롯된 남녀에 대한 태도와 기대가 오늘날 우리의 행동에 계속 영향을 미치고 있다는 것입니다. 여자 축구 사례를 살펴보겠습니다.

제1차 세계 대전 이후, 수많은 여성 축구팀과 리그가 생겨났습니다. 여성 선수들은 국제 경기에 출전했고, 많은 지지를 받았으며, 종종 남성 경기보다 더 많은 관중 앞에서 경기를 치르기도 했습니다. 최고의 팀 중 하나였던 딕, 커 레이디스 FC(Dick, Kerr Ladies FC)는 1920년 구디슨 파크(Goodison Park)(남성 팀 에버턴(Everton)의 홈구장)에서 경기를 치렀는데, 53,000명의 관중이 몰렸고 수천 명은 경기장에 들어오지도 못할 정도였습니다.

그러나 영국 축구 협회(The UK Football Association)는 여성 축구의 인기가 높아지는 것을 반대했고, 1921년 모든 축구장에서 여성 경기 개최를 금지했습니다. 협회가 발표한 성명서에는 축구가 '여성에게는 상당히 부적합하며 장려되어서는 안 된다'고 명시되어 있었습니다. 그 결과 여성 팀들은 모든 수준에서 점차 사라졌으며, 이러한 오랜 공백은 현대 여성 축구가 세계에서 가장 인기 있는 이 스포츠를 위한 팬과 자금을 유치하는 데 극심한 어려움을 겪게 만들었습니다.[14]

우리 대부분은 이러한 편견이 자신에게 어떻게 작용하는지 인식하지 못합니다. 이것이 바로 저희가 '우연한 편견'이라는 용어를 사용하는 이유입니다. 그렇다면 직장에서 명백히 드러나는 흔한 우연한 젠더 편견은 무엇이며, 이것이 사람들의 일상 경험에 어떤 영향을 미칠까요?

연구에 따르면 여성 역시 성별에 따른 편향된 기준으로 다른 여성을 판단하는 경향이 있음을 밝혀두는 것이 중요합니다.[15] 하지만 남성이 고위직에 있을 가능성이 훨씬 높으므로, 이러한 문제들을 해결하는 데 중요한 역할을 해야 하는 것은 바로 남성입니다.

학술 연구를 통해 밝혀진 주요 우연한 젠더 편견들은 놀랍게도 여러 문화권에서 일관되게 나타납니다. 명확성을 위해, 이러한 편견들은 다음과 같이 5C로 요약할 수 있습니다:

1. 역량 (Capability)
2. 제약 (Constraint)
3. 소통 (Communication)
4. 관계 (Connections)
5. 공로 인정/신뢰 (Credit)

아래 표는 이러한 편견과 그 영향을 보여줍니다.[16, 17]

5C

편견 유형	1) 역량	2) 제약	
편견 내용	• **역할 적합성 편향** 여성의 강점은 성실성, 치밀함, 뛰어난 인간관계 관리에 있다고 여겨진다.	• **능력 편향** 남성의 강점은 지도력, 직장에 대한 헌신, 기술, 수학 및 과학 기술에 있다고 여겨진다.	• **온정적 성차별** 선의의 남성들이 종종 여성들을 더 조심스럽게 대하거나 그들을 대신하여 결정을 내리는 경향이 있는데, 이는 여성의 자율성을 빼앗는다.
여성에게 미치는 영향	• 책임이 큰 보직을 맡을 가능성이 적다. • 일반 행정 업무나 회사의 손익에 덜 중요한 업무를 부여받을 가능성이 크다. • 남성들에게 더 기대되는 방식으로 행동했을 때(예: 의견 적극 표현, 자기주장 강함, 야망 드러냄) 부정적으로 평가받을 가능성이 높다.	• 고위직 승진 자격이 있는 것으로 평가받을 가능성이 적다. • 미래 잠재력보다는 과거 실적을 기반으로 승진할 가능성이 높다.	• 어린 자녀가 있다면 기회가 주어질 가능성이 적다. • 상사로부터 구체적이고 실행 가능한 피드백을 받을 가능성이 적다. • 역량을 의심받거나 추가적인 성과를 내야만 인정받을 가능성이 높다.

편견 유형	3)소통	4) 관계	5) 공로 인정
편견 내용	• 언어 편향 여성들은 자신의 목소리를 내기 어렵지만, 회사 문화는 종종 '남자처럼 행동하라'는 메시지를 담고 있다.	• 유사성 편향 우리는 자신과 공통점이 더 많은 사람과 관계를 맺으려는 경향이 있다.	• 성과 편향 여성이 소수인 경우 그들은 개인으로서가 아니라 성별을 대표하는 사람으로 판단된다.
여성에게 미치는 영향	• 회의에서 발언 기회를 얻기 어렵다. • 다른 사람들이 말을 끊을 가능성이 높다. • 의견이 잘 받아들여지지 않고 공로는 다른 사람에게 돌아갈 가능성이 높다. • 농담의 대상이 될 가능성이 높다. • 자기 주장이 강하면 성차별적인 별명으로 불릴 가능성이 높다.	• 기회가 주어지거나 경력 발전을 위한 지원을 받을 가능성이 적다. • 직장 내 각종 네트워크에서 소외될 가능성이 높다. • 최고 경영진에게 성과가 알려질 가능성이 적다.	• 실수나 성과 부족에 대해 더 더 가혹하게 처벌받을 가능성이 높다. • 능력이 아니라 소수자 우대정책 덕분에 여기까지 온 거라고 생각될 가능성이 높다.

저희는 '기술 분야 여성 네트워크'(WIT) 회원들과의 대화에서도 이러한 편견들의 사례를 발견할 수 있었습니다. 기술직에 종사하는 여성들이 전하는 의견이나 그들을 향한 가정들 속에서 저희는 역량 편향과 역할 고정관념 편향을 확인할 수 있었습니다. 예를 들면 다음과 같습니다:

• 기술 프로젝트 회의에 들어갔을 때 '혹시 비즈니스 분석가이신가요?'라는 인사를 받은 경우. 이는 해당 여성이 기술직이 아닐 것이라고 가정하는 말입니다.
• '문서 작업을 개선하려면 팀에 여직원이 좀 있어야 해요.'

- '정말 프로그래머세요?'
- '이번 회의는 기술적인 내용이라서, 팀의 기술 담당자와 함께 오시는 게 좋겠습니다.'
- 기술 아키텍트로 일하는 한 여성은, 팀 앞에서 새로운 기술 설계를 발표할 때마다 남성 동료가 계속 끼어들어 자신이 하는 말을 '설명'하려 들었다고 이야기했습니다.

역할 고정관념 편향은 여성이 직장 내에서 소위 '사무실 가사노동'에 해당하는 일을 더 많이 맡을 것이라는 가정에서도 명백히 드러났습니다. 여성들은 동일한 직책의 남성 동료들에 비해 훨씬 더 많은 비율의 행정 업무를 맡도록 기대된다고 보고했습니다. 여기에는 사내 행사 준비, 회의 후속 조치 이행, 더 많은 문서 작업(그리고 상대적으로 적은 프로그래밍 업무) 등이 포함됩니다. 이러한 행정 업무 부담이 여성에게 더 많이 지워지면서, 여성들은 승진에 도움이 될 만한 업무에 투입할 시간이 줄어들게 되고 이는 결국 경력 발전 속도를 늦추는 결과를 낳습니다.

저희는 또한 관리자들이 여성이 집안일을 더 많이 할 것이라고 가정하고, 결과적으로 경력 의욕이 낮고 헌신도도 낮을 것이라고 추정하는 경향을 발견했습니다. 이러한 편견은 '온정적 성차별(benevolent sexism)'로 알려져 있습니다. 이는 선의에서 비롯될 수 있지만, 결국 해당 여성의 자율성을 빼앗는 결과를 낳습니다.

그 결과, 여성들은 장시간 근무나 출장을 요하는 새로운 프로젝트 또는 역할에 발탁될 가능성이 낮고, 관리자들은 그들이 생산하는 업무의 질이나 양보다는 사무실에 머무는 시간(face-time)을 더 면밀히 주시한다고 보고했습니다. 저희가 들은 사례 중에는, 마감이 임박한 프로젝트 때문에 팀 전체가 주말 근무를 해야 할 때 여성 팀원에게는 아예 요청조차 하지 않는 경우가 있었습니다. 또한 여성이 출산 후에는 일을 그만둘 것이라거나 그만두어야 한다고 가정하면서, '그동안 수고 많으셨습니다. 앞날에 행운이 있기를 바랍니다' 혹은 '아직도 일하고 계셨어요?'와 같은 말을 건네는 경우도 있었습니다. 심지어 관리자가 여성에게 도전적인 과제에 적합한 사람을 추천해 달라고 요청했을 때, 해당 여성이 직접 '저는 어떤가요?'라고 되물어야 했던 사례도 들었습니다.

저희는 또한 여성들을 개개인이 아닌 집단으로 평가하는 **성과 편향**과, 소위 '다양성 구색 맞추기용 채용(diversity hire)'이라는 딱지를 붙이며 폄하하는 발언들도 목격했습니다. 예를 들면 다음과 같은 말들입니다:

- '승진하기에 딱 좋은 인구 통계학적 조건이시네요.'
- '팀 분위기를 밝게 하려면 여직원이 더 필요해요.'
- (다양성 관련 활동에 참여하고 돌아온 동료에게) '아, 그 여자들 행사에 다녀오셨군요. 거기서 뭐 했어요? 남자 인형에 핀이라도 꽂았나요?'
- '신입 공채 프로그램에서는 여성들이 채용되기가 훨씬 쉬워요.'

저희는 또한 소위 '내집단'에서 배제되는 느낌에 대한 언급 속에서 **유사성 편향**(affinity bias)을 발견할 수 있었습니다. 몇 가지 예로, 여성들이 사무실에 도착했을 때 주말은 잘 보냈는지 등을 물으며 반갑게 인사하기는커녕 무시당하는 경우가 있었습니다. 어떤 팀에서는 계속 축구 이야기만 나누고, 누군가 자녀 이야기를 꺼내면 못마땅하다는 듯이 눈을 흘기기도 했습니다. 또 다른 팀에서는 대다수가 즐기는 특정 점심 식사 패턴이나 사교 활동 방식이 있었는데, 소수자들은 실수로 초대받지 못하거나, 혹은 사교 행사가 주로 음주 또는 단일 성별 스포츠 위주로 진행되거나 여성들이 참석하기 어려운 시간대에 열리는 바람에 배제되는 경우가 많았습니다. 이는 여성이 직장 밖에서 더 넓은 친구 관계망을 가지는 경향이 있고, 시간제 근무를 할 가능성이 더 높기 때문입니다.

그 외 다음과 같은 일상 경험도 있었습니다:

- 대화에서 무시당하거나, 발언 기회를 얻지 못하거나, 소외된다고 느끼는 것
- 남성 동료들에 비해 팀으로부터 덜 열정적인 인사를 받는 것
- '그에게 말을 걸러 가면, 마치 그의 뒤통수에 대고 이야기하는 기분이에요.'

이러한 행동들은 문제를 일으킵니다. 첫째, 직장이 환영받지 못하는 곳처럼 느껴질 수 있습니다. 만약 자신이 관리자나 팀 리더들의 정해진 틀에 맞지 않는다고 느낀다면, 그곳에 있어서는 안 될 것 같은 기분이 들 수 있습니다. 둘째, 이는 남성 관리자들의 의사 결정 과정으로 쉽게 번질 수 있습니다. 그 결과, 도전적인 프로젝트에 적합한 인물을 생각해 보라는 요청을 받으면 남성 후보자를 먼저 떠올리는 경향이 나타날 수 있습니다.

대부분의 남성은 의도적으로 여성의 앞길에 장애물을 놓는 방식으로 행동하지는 않습니다. 실제로 여성 동료들에게서 이러한 경험담을 듣게 되면 많은 남성들이 충격을 받습니다. 문제는, 이러한 어려움을 직접 경험하지 않으면 그 존재 자체를 알지 못하는 경향이 있다는 것입니다. 질(Jill)이 케임브리지 대학교(University of Cambridge) 머레이 에드워즈 칼리지(Murray Edwards College)를 위해 수행한 연구 결과에 따르면, 이러한 우연한 편견의 영향을 인지하는 비율은 남성보다 여성이 훨씬 더

높습니다.[18] 이는 우리 모두의 집단 무의식 속에 숨어 있는 젠더 고정관념에 의해 여성의 경력이 부정적인 영향을 받을 가능성이 더 높기 때문입니다.

머레이 에드워즈 칼리지(Murray Edwards College)에서 연구에서 발견된 세 가지 사례는 다음과 같습니다.

유사성 편향

여성들은 남성 동료들이 고위 리더들로부터 경력 후원(career sponsorship)을 받을 기회가 더 많다고 믿습니다. 이러한 믿음의 성별 격차는 고위직 여성과 고위직 남성의 응답을 비교할 때 가장 크게 나타납니다:[19]

Q. 직장 내에서 남성이 여성보다 고위 리더로부터 후원을 받을 기회가 더 많다고 생각하십니까?

A. 여성의 35%와 남성의 5%가 여직원보다 남직원이 지원을 더 많이 받는다고 생각한다.

A. 여성 고위 관리자의 42%와 남성 고위 관리자의 6%가 여직원보다 남직원이 지원을 더 많이 받는다고 생각한다.

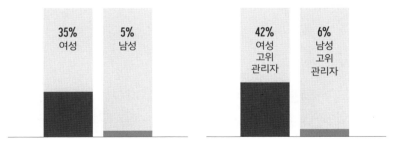

출처 : 머레이 에드워즈 칼리지(Murray Edwards College) '남성과의 협력' 연구. [표본수: 5,737명 (모든 부문) 53% 남성, 47% 여성]

성과 편향

여성들은 남성과 똑같이 행동해도 더 부정적으로 평가받는다고
믿습니다. 남성은 여성보다 이러한 경향을 덜 인지합니다.[20]

Q. 동일한 행동이라도 여성이기 때문에 안 좋은 평가를 받는 사례를 얼마나 자주 목격했습니까?

1. (여성 응답자) 자신이 직접 겪었다

24% 14% 6%

가끔
자주
항상

2. (여성 응답자) 다른 여성이 겪는 걸 보았다

32% 14% 4%

3. (남성 응답자) 다른 여성이 겪는 걸 보았다.

24% 5% 6%

출처: 머레이 에드워즈 칼리지(Murray Edwards College) '남성과의 협력' 연구. [지난 12개월간 직장에서
해당 경험을 '항상', '자주', 또는 '가끔' 했다고 응답한 비율. 표본=6,466명] (주: 원문에는 비율 수치가 빠져
있어 그대로 둡니다.)

역할 고정관념 편향

설문에 참여한 여성의 절반 이상은, 여성의 강점과 특성에 대한
고정관념 때문에 자신의 경력 발전이 저해된다고 믿었습니다. 반면,
설문에 참여한 남성의 절반 이상은 이러한 일이 거의 또는 전혀 일어나지
않는다고 믿었습니다.[21]

Q. 여성들이 더 많이 가졌다고 여겨지는 특성들, 예를 들어 관계 형성 능력, 세부 사항에 대한 주의력, 뛰어난 관리/행정 능력 등이 직장 내에서 그들을 잠재력 있는 리더보다는 좋은 관리자로만 인식하게 만든다고 생각하십니까?

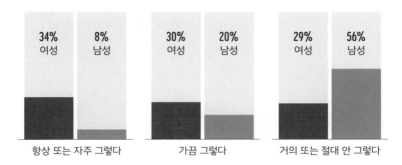

출처: 머레이 에드워즈 칼리지(Murray Edwards College) '남성과의 협력' 연구. [표본 수 6,651명, 남성 49%, 여성 51%. 단, 모르겠다는 응답은 미포함.]

직장 문화에 영향을 미치는 이러한 태도와 행동(미세한 차별[micro-inequities, 소외된 집단에 대한 적대적, 경멸적, 부정적 태도를 전달하는 미묘하고 종종 의도하지 않은 발언이나 행동-옮긴이] 또는 미세한 공격[micro-aggressions])은 사소해 보일 수 있습니다. 하지만 다른 학술 연구에 따르면, 이러한 행동들은 명백하며 불법적인 형태의 차별만큼이나 개인의 경력에 부정적인 결과를 초래할 수 있습니다.[22]

불공정하다고 인식되는 행동을 반복적으로 경험하는 것은 사기와 자신감, 긍정적인 마음을 갉아먹고, 이에 대처하는 것을 극도로 지치게 만들며, 소속감을 느끼지 못하게 하여 결국 여성들이 회사를 떠나거나 중간 관리직에 머물게 되는 결과를 낳을 수 있습니다.

남성들이 참여를 주저하는 이유는 무엇인가?

지지하는 마음을 가진 남성들조차 더 성평등하고 포용적인 직장을 만들기 위한 적극적인 행동에 나서지 못하게 만드는 네 가지 주요 요인이 있습니다. 첫째, 앞에서 논의했듯이, 자신의 직장이 스스로가 믿는 것처럼 실력주의 사회가 아니라는 점에 대한 광범위한 이해 부족입니다.

둘째, 모성(또는 잠재적 모성)이 여성의 야망을 가로막으며, 여성이 일보다 가정을 선택한다는 시각 또는 선입견입니다. 여성들은 종종 주 양육자 역할을 맡기 때문에 남성보다 더 많은 경력상의 타협을 하는 것이 사실입니다. 많은 연구에 따르면, 가사 노동이든 자녀 및/또는 연로한 친척 돌봄이든, 여성이 남성보다 훨씬 더 많은 비중의 무급 가사 및 돌봄 노동을 수행합니다. 2020년 7월 영국(UK)에서 여성 2만 명을 대상으로 실시한 설문조사에서도, 코로나19(Covid-19) 팬데믹 기간 동안 아이 돌봄 문제로 인해 일하는 어머니의 72%가 근무 시간을 줄여야만 했던 것으로 나타났습니다.[23]

하지만 모성이 경력의 제약 요인이라는 가정은 지나친 단순화입니다. 남성들과 마찬가지로, 야망을 품고 일과 육아를 성공적으로 병행하는 어머니들도 많습니다. 또한 모든 여성이 어머니인 것도 아닙니다. 영국(UK) 여성의 경우 45세까지 자녀 없이 지내는 비율이 19%이며, 이 수치는 빠르게 증가하고 있습니다.[24] 동성 부모 파트너의 수도 증가하고 있습니다. 더 많은 남성이 이제 직접 육아에 참여하기를 원하고 기대하며, 여성 파트너와 가사 책임을 분담하고자 합니다.

이러한 지나친 단순화는 승진 관련 논의에서 여성 직원을 '고위험' 집단으로 낙인찍는 결과로 이어지고, '출산 위험', '그럴 나이', '자녀 양육 위험'과 같은 말을 듣게 만듭니다.

실력주의에 대한 잘못된 믿음과 모성에 대한 가정이 결합되면서, 많은 남성들은 직장 내 성평등에 여전히 존재하는 장벽들을 주로 일하는 어머니와 관련된 '여성들만의 문제'로 치부하게 됩니다. 그 결과 자신과는 무관하며 굳이 관여하고 싶지도 않고 그럴 필요도 없는 문제로 여기게 되는 것입니다.

세 번째 주요 장벽은, 놀라울 정도로 많은 남성들, 특히 백인 남성들이 현재 적극적 우대 조치(positive discrimination)가 시행되고 있으며, 이로 인해 여성 및 다른 소수 집단이 백인 남성 동료들에 비해 부당한 이점을 받고 있다고 생각한다는 점입니다. 2017년 언스트 앤 영(Ernst & Young)이 1,000명 이상의 미국(US) 정규직 직원을 대상으로 실시한 설문조사를 주목할 필요가 있습니다. 이 조사에서 응답자의 35%는 다양성에 대한 강조 때문에 백인 남성들이 승진에서 간과되고 있다고 생각하는 것으로 나타났습니다.[25]

하지만 대부분 기업의 채용 및 승진 관련 데이터를 살펴보면, 남성들이 차별받고 있다는 우려를 뒷받침할 증거는 대개 거의 없습니다. 남성들이 스스로 불리하다고 믿게 되는 한 가지 이유는 승진 절차와 관련이 있을 수 있습니다. 많은 기업이 승진 절차에서 의식적 및 무의식적 편견을 바로잡으려 노력하는데, 예를 들어 관리자가 승진 추천하는 잠재 후보자들의 다양성을 살펴보는 방식입니다. 만약 후보자들의 다양성이 부족하거나, 특히 후보자 풀이 현재 직급의 다양성을 제대로 반영하지 못할 경우, 관리자들은 다양성을 염두에 두고 승진 추천 목록을 재검토하라는 요청을 받습니다.

승진 후보자의 다양성을 다시 검토하라는 관리자에 대한 이러한 지시는, 특히 조직 내 여러 단계를 거치면서 잘못 전달될 수 있습니다. 그 결과 이 메시지는 '승진 추천 목록에 여성을 더 찾아 넣어야 한다'는 의미로 잘못 해석될 수 있습니다. 후보자들이 해당 집단의 인구 통계학적 구성을 대표하는지 확인하라는 지시는, 선발 과정에서 가능한 한 편견 없이 임했는지 점검해야 하는 관리자의 책임을 전달하기 위해 신중하게 이루어져야 합니다.

관리자가 이 지시를 올바르게 이해하더라도, 그 취지를 항상 팀원들에게 시간을 내어 설명하는 것은 아닙니다. 저희는 관리자가 팀원에게 승진시킬 만한 여성 또는 다른 다양성을 가진 후보자를 아는지 묻는 경우를 많이 보았습니다. 이 경우, 질문을 받은 팀원은 관리자가 단순히 할당제를 채우려 한다고 – 잘못된 – 결론을 내릴 수 있습니다.

자신에게 유리한 점은 무시하고 다른 사람에게 유리해 보이는 점은 부당하게 중요시하는 이러한 유형의 관점은, 부분적으로 '역풍 편향(headwind bias)'으로 설명될 수 있습니다.[26, 27] 심리적으로 우리 모두는 누릴 수 있는 혜택보다는 극복해야 할 장벽과 방해물에 훨씬 더 민감하게 반응하는 경향이 있습니다. 방해물의 영향을 과대평가하는 이러한 경향은 미국 민주당원과 공화당원 모두 선거 지도가 자신에게 불리하다고 주장하게 만들고, 대부분의 스포츠 팬들이 경쟁팀은 혜택을 보는 반면 자신의 팀은 경기 일정 때문에 불리한 영향을 받는다고 믿게 만듭니다.

마지막 네 번째 문제는, 남성들이 직장 내 성평등을 지지할 때조차 이를 달성하기 위해 자신이 무엇을 할 수 있는지 모르는 경우가 많다는 점입니다. 바로 이 때문에 이 책이 필요한 것입니다.

남성들이 치르고 있는 비용

남성들은 젠더 고정관념이 자신에게 어떻게 부정적인 영향을 미치는지 깊이 생각하지 않는 경우가 많아, 그 결과가 얼마나 심각할 수 있는지 알게 되면 크게 놀라곤 합니다. 남성성 규범을 따라야 한다는 부담감이 남성의 정신 건강에 심각한 압박을 줄 수 있음을 보여주는 연구들이 점점 늘어나고 있습니다. 카탈리스트(Catalyst)의 연구에 따르면, '승자가 되어야 한다', '절대 약점을 보여서는 안 된다', '사나이 중의 사나이가 되어야 한다', '여성적인 모든 것을 피해야 한다'와 같은 요구들이 남성들을 다음과 같은 상황으로 이끌 수 있다고 합니다:[28]

- 친구 및 가족과의 관계를 희생하고 직장 생활에 몰두하여 중요한 심리적 지원을 상실
- 불안, 우울증 또는 질병에 직면해도 지원을 요청하지 않음
- 자신의 강인함을 증명하기 위해 불필요한 위험 감수
- 사회 규범을 준수하지 않아 거절당하거나 높은 사회적 비용을 지불

따라서 남성들이 미디어를 통해 매일같이 접하는, 우리 중 누구도

결코 도달할 수 없는 '이상적인 남성상'에 직면할 때, 신체 건강(예: 건강 검진을 주도적으로 받기를 꺼림)과 정신 건강 양쪽 측면에서 종종 대가를 치르게 되는 것은 어쩌면 놀라운 일이 아닙니다. 영국(UK)에서 자살이 50세 미만 남성의 가장 큰 사망 원인이라는 사실은, 남성들이 잠시 멈춰 서서 주목해야 할 충격적인 통계입니다.[29]

이는 다른 많은 나라에서도 마찬가지입니다. 미국(US)에서는 중년 백인 남성의 자살률이 가장 높습니다. 전체 자살 건수의 약 70%를 백인 남성이 차지하며, 남성이 여성보다 자살로 사망할 확률은 3.5배 더 높습니다.[30] 인도(India)에서는 남성의 자살률이 여성보다 약 2배 높습니다.[31]

안타깝게도, 스티븐(Stephen)은 직장에서 이와 관련된 직접적인 경험이 있습니다: '지난 10년간 투자 은행에서 근무하며 저는 통상적으로 최대 120~150명 규모의 팀을 관리해왔습니다. 그런데 팀 규모가 상대적으로 작다고 할 수도 있지만, 지난 10년 동안 남성 팀원 두 명이 스스로 목숨을 끊는 일이 있었습니다.'

성평등에 대한 더 활발한 대화는 남성들이 이러한 규범들에 맞서고 건강과 웰빙 문제를 훨씬 더 중요하게 인식하도록 격려하는 데 큰 도움이 될 수 있습니다. 이러한 대화는 보다 포용적인 환경을 어떻게 구축할 것인가에 대해 전체 직원을 참여시키는 맥락 안에서 이루어지는 것이 중요합니다. 또한 이 논의가 단순히 여성이나 전통적인 소수 집단만이 아닌 모든 구성원을 포함하며, 모두에게 긍정적인 변화를 가져오는 것을 목표로 한다는 점을 명확히 해야 합니다.

핵심 요약

해결해야 할 핵심 과제들은 다음과 같습니다:

- 다수의 남성 중심 산업에서는 여성에게 비우호적인 문화가 발전해 왔습니다.
- 인력의 성별 균형이 비교적 잘 맞는 분야에서조차, 여성이 고위직을 맡을 가능성은 여전히 훨씬 낮습니다.
- 정부 및 여러 조직 주도의 노력에도 불구하고, 특정 분야에 더 많은 여성을 유치하거나 모든 분야에서 여성을 고위직으로 채용 또는 승진시키려는 진전은 빙하가 녹는 속도처럼 매우 더디게 이루어지고 있습니다.
- 젠더 편견은 광범위한 사회적 규범에서 비롯됩니다. 이로 인해 남성과 여성 개개인 모두 종종 우연한 성차별적 방식으로 행동하게 되며, 이는 여성이 남성보다 경력 발전에 더 많은 어려움을 겪게 됨을 의미합니다. 진정한 실력주의 조직은 드뭅니다.
- 남성들은 조직 문화 변화를 실행할 수 있는 리더십 위치에 있을 가능성이 훨씬 높지만, 다양성과 포용성 관련 활동에는 잘 참여하지 않는 경우가 많습니다.
- 많은 남성은 다양성과 포용성이 자신의 경력에 해가 된다고 믿기 때문에 이에 적극적으로 저항합니다.
- 점점 더 많은 남성들이 일과 개인적인 삶 사이의 더 나은 균형을 원하고 자녀 양육에 더 적극적인 역할을 하기를 바라지만, 고정관념적인 남성 문화 규범 때문에 그렇게 하지 못하는 경우가 많습니다.

저희는 기회 불평등이 여전히 남성보다 여성에게 훨씬 더 많이 발생한다는 사실을 사람들이 이해하도록 만들 방법을 찾아야 합니다. 비포용적인 행동들이 여전히, 그리고 매일 바로 여러분 주변에서 일어나고 있다는 사실 또한 알려야 합니다.

  다음 장에서는 여러분 조직의 남성들을 이러한 대화에 참여시키는
방법에 대해 다루겠습니다.

2장

남성들을 동맹으로
참여시키기

남성들에게 다양성에 관해 이야기하는 것은 어려울 수 있습니다. 특히 저희 경험처럼, 대부분의 남성이 소속 조직의 다양성 관련 행사에 참여하지 않는다면 더욱 그렇습니다. 이번 장에서는 저희가 어떻게 남성들의 참여를 유도했는지, 즉 어떻게 그들을 찾아냈고, 어떤 방법이 효과적이었고 어떤 방법은 그렇지 않았는지, 무엇에 관해 이야기했으며, 초기 논의에서 무엇을 배웠는지 설명하고자 합니다.

시작하기

많은 조직과 마찬가지로, 저희 회사에서도 남성 직원들은 일반적으로 다양성과 포용성 관련 그룹 활동에 참여하지 않았습니다. 저희는 고위직 여성들과의 논의를 통해, 채용, 경력 개발, 승진, 보상 등에 관한 일상적인 의사결정을 내리는 사람들을 참여시키지 않는 한, 조직 문화를 바꾸고 직장을 더 포용적으로 만드는 것은 어렵다는 점을 깨달았습니다. 저희의 목표는 회사 내에서 침묵하고 있는, 주로 남성인 이 구성원들의 참여를 이끌어내는 것이었습니다.

저희의 첫 단계는 이 일을 시작하기 위해 소수의 열정적인 사람들을 찾는 것이었습니다. 그 결과 (대부분이 남성이었지만) 남성과 여성이 섞인 그룹이 구성되었습니다. 많은 수의 남성들을 성공적으로 참여시키려면, 남성들이 먼저 나서서 리더십을 발휘하고 추진력을 보여주는 것이 중요합니다.

저희는 이미 조직 내에서 여성을 후원하고 있는 남성들, 딸을 둔 아버지들, 유연 근무 롤 모델이거나 공동 육아 휴직 경험이 있는 남성들을 모집했습니다. 또한 이미 여성 멘토를 두고 있거나, 여성을 많이 채용하는 등 다양한 팀 구축에 헌신적인 노력을 보여준 남성들을 찾았습니다. 팀 관리 경험이 있는 사람들이 가장 크게 기여할 수 있었습니다. 저희는 문제를 이해하기 위해 그들의 관리 경험이 필요했지만, 동시에 그들이 기꺼이 시간을 내어 도울 수 있도록 해야 했습니다.

이 그룹은 또한 명확히 정의된 목적과 실행 계획이 필요했으며, 구성원들은 이러한 활동을 시작하는 데 따르는 몇몇 장벽들을 극복하는 데 도움을 줄 수 있을 만큼 충분히 고위직이어야 했습니다.

그룹을 구성한 뒤, 다음 단계는 그룹 명칭을 정하는 것이었습니다.

그룹 명칭 정하기

저희는 처음에 이 그룹을 '남성 옹호자 네트워크(Male Advocate Network)', 약칭 MAN이라고 불렀습니다. 그런데 이 이름에 대해서는 의견이 양극화되었습니다. 일부 남성과 소수의 여성은 좋아했지만, 대부분은 그렇지 않았습니다. 저희는 '옹호자(advocate)'라는 단어와 '동맹(ally)'이라는 단어를 두고 논의했습니다. '옹호자'는 훨씬 더 적극적인 느낌을 주지만, 여성이 도움을 필요로 한다는 고정관념을 강화할 수 있다는 우려가 있었습니다.

저희가 정의하는 '동맹'이란 '상대적으로 권력과 영향력을 가진 위치에서, 더 소외된 집단이나 개인과 연대하며 함께 행동하는 사람'입니다. 이 정의가 저희가 제공하고자 했던 지원 성격을 잘 나타내는 듯했고, 부정적인 반응도 덜 일으켰습니다.

결국 저희는 몇 가지 이유로 그룹 명칭을 '남성 동맹'으로 정했습니다. 이 이름은 동등한 파트너 관계를 시사하는 긍정적인 신호를 보내고, '여성들을 고쳐야 할 대상으로 보는' 시각에서 명확히 벗어났음을 보여줍니다. 또한 저희 회사 내에서 LGBTQ+ 커뮤니티를 지원하기 위한 '프라이드 앨라이즈(Pride Allies)' 프로그램이 크게 성공했었기에, 저희가 활용할 수 있는 모델이 이미 존재한다는 사실도 결정에 영향을 미쳤습니다. 다음 단계는 더 많은 동맹을 찾는 것이었습니다.

남성 동맹 모집하기

저희 운영 그룹은 동맹을 모집하기 위해 몇 가지 전략을 활용했습니다. 첫 번째는 기존의 다양성과 포용성 관련 그룹들에 연락해서, 이미 이 활동들에 관심이 있고 도움을 줄 의향이 있는 남성들을 찾는 것이었습니다. 다음으로는 정기 여성 네트워크 행사를 이용해 '남성 동료 데려오기' 세션을 마련했습니다. 이 방법은 개리(Gary)의 사무실에서 특히 효과적이었습니다:

'매월 열리는 WIT 세션에 참석하는 50~60명의 모든 여성분께 남성 동료를 한 명씩 데려와 달라고 부탁했습니다. 몇몇 분들은 남성 동료들을 회의실로 거의 '반강제로 데려오다시피' 했지만, 일단 자리에 모이자 분위기가 매우 활발했습니다. 그날 WIT 회의는 평소처럼 저 혼자 남성이고 여성 50명이 모인 자리가 아니라, 거의 남녀 비율이 50대 50으로 균형을 맞췄습니다. 저는 일어나 성평등의 경영상의 이점, 왜 성평등에 남성이 꼭 필요한지, 그리고 저 자신의 여정에 대해 이야기했습니다. 자원자를 모집했고, 그날 행사가 끝날 무렵에는 새로운 동맹 12명을 확보할 수 있었습니다.'

만약 남성들을 여성 관련 행사에 참여시키고 싶다면(그리고 여성의 이야기에 더 귀 기울여야 한다는 점 등 좋은 이유는 많습니다), 행사 제목에 되도록 '여성'이라는 단어를 넣지 않는 것이 좋습니다. 물론 '세계 여성의 날'과 같은 행사에는 적절하지 않겠지만, 남성들의 참여를 적극적으로 장려하도록 주제의 표현 방식을 고민하는 것이 도움이 됩니다. 실제로 기존의 여성 네트워크 명칭을 '젠더 네트워크'로 변경한 사례도 많습니다.

저희는 또한 내부 네트워크를 활용했습니다. 포용성에 관심 있는 사람들은 조직 내에서 서로 알아보고 연결되는 경우가 많기 때문입니다. 저희 네트워크와 다른 자원봉사자들의 네트워크를 통해, 자원봉사자 동맹의 규모를 늘릴 수 있었습니다. 마지막으로, 저희는 우호적인 고위 리더들을 파악하여 그분들을 통해 메시지를 전달하고 새로운 참여자를 모집하는 데 도움을 받았습니다.

기업 환경에서 어떤 프로그램을 진행하든 고위급의 후원을 확보하는 것이 매우 중요하다는 점은 분명합니다. 이는 저희 스스로가 고위 리더였음에도 마찬가지였습니다.

이쯤에서 '자원봉사자를 모으기 위해 전체 이메일을 보내거나 더 공격적인 마케팅으로 참여 인원을 더 빨리 늘리는 건 어떨까?' 하고 생각하실 수도 있겠습니다. 하지만 너무 빨리 규모가 커질 경우의 위험은, 취지에는 공감해 참여 신청은 했지만 아직 문제 이해가 부족하거나, 가시적인 변화를 만들 만큼 충분한 시간을 투입할 의지가 없는 사람이 많아질 수 있다는 점입니다. 다른 투자 은행의 한 남성 동맹은 이런 남성들을 그저 배지를 위해 참여하는 '보이 스카우트 동맹'이라고 부르기도 했습니다. 할 일이 많으므로, 저희는 여러 접근 방식을 조합하여 시도해 보시기를 권장합니다.

정보 습득 및 역량 강화

일단 헌신적인 자원봉사자 팀이 꾸려졌다면, 다음 단계는 무엇일까요? 저희 경험상, 동맹들에게 해당 주제에 대한 이해도를 높일 시간을 주는 것이 필요합니다. 분명히 말씀드리지만 이 활동은 힘든 일이 될 것이므로, 전문성을 키울 필요가 있습니다. 여러분의 동맹들은 다른 많은 남성들이 행동에 나서도록 설득해야 합니다. 이들 중 일부는 진심으로 관심이 없거나 변화를 위해 시간을 낼 의향이 없을 수도 있습니다. 그들은 어려운 질문을 던지고 때로는 반론을 제기할 수도 있으므로, 회의적인 청중에게 대응할 수 있도록 동맹들에게 관련 지식을 갖춰주는 것이 핵심입니다.

저희는 그룹으로서 젠더 편견에 관한 서적, 기사, TED Talks 강연 등을 찾아 정기적으로 서로 공유했습니다. 후자(기사나 강연 등)의 경우에는 종종 함께 읽거나 시청한 후 그룹으로 토론하곤 했습니다. 읽거나 시청할 자료를 그룹 과제로 내주고 나중에 의견을 교환하기도 했습니다.

저희에게 도움이 되었던 정보 출처 중 일부는 이 책 마지막의 '유용한 자료' 섹션에 실었습니다.

관련 내용을 폭넓게 읽고 연구 결과에 익숙해지는 것은 조직 내 사람들과 대화할 때 중요합니다. 이는 학습에 대한 여러분의 관심과 의지를 보여줌으로써, 이 주제에 관심 있는 다른 여성 및 남성들과 연결되는 데 도움이 되기 때문입니다. 또한 이는 잠재적 동맹들을 모집하는 데 유용한 도구가 될 수도 있습니다. 그들은 종종 더 배우고 싶어 하지만 어디서부터 시작해야 할지 확신하지 못하는 경우가 많기 때문입니다.

조직 내 여성들과 대화하기

효과적인 동맹이 되려면, 소속 조직 내 여성들이 직면한 편견, 장벽, 문제들을 이해하고 자신이 도울 지점을 파악해야 합니다. 이러한 이해를 높이는 가장 좋은 방법은 조직 내, 미디어 속, 그리고 가정에 있는 주변 여성들의 이야기에 귀 기울이는 것입니다. 하지만 이는 생각만큼 쉽지 않을 수 있습니다.

여성들은 누가 묻지 않으면 이런 종류의 정보를 잘 공유하지 않는 경우가 많습니다. 아마도 그러한 행동을 그저 받아들였거나, 불평하는 사람으로 비치고 싶지 않거나, 혹은 자신의 문제가 특정 인물과의 관계에만 국한된 것이라고 믿기 때문일 수 있습니다. 이것이 바로 개방형 질문을 하고 적극적으로 경청하는 것이 중요한 이유입니다. 이는 보이지 않던 것을 볼 수 있게 해주기 때문입니다.

회사 내 여성들이 자신의 경험을 이야기하고, 또 그렇게 하는 것이 안전하다고 느낄 수 있는 환경 조성이 매우 중요합니다. 남성들과 처음으로 젠더 관련 문제에 대해 논의를 시작하면, 그들은 종종 '그건 옛날이야기죠, 요즘엔 그런 일 없어요' 혹은 '우리 회사에서는 그런 일 없어요'라고 말하곤 합니다. 소속 회사 여성들이 최근에 겪은 경험담을 직접 듣는 것은 매우 강력한 힘을 갖고, 사람들의 인식을 바꾸는 데 실질적인 변화를 만들 수 있습니다.

동맹이 조직 내 여성들과 대화하는 것은 여러 다른 이유로도 중요합니다. 첫째, 조직에 대한 통찰력을 키우고 주시해야 할 행동 유형을 더 쉽게 파악하는 데 도움이 됩니다. 예를 들어, 여성들이 회의에서 자신의 의견이 경청되지 않는다고 느낀다면, 조직은 이러한 유형의 행동에 구체적으로 문제를 제기하고 개선할 수 있는 회의 지침이나 접근법을 마련할 수 있습니다.

둘째, 동맹들이 소속 조직의 여성들과 대화하는 능력을 향상시킵니다. 많은 남성들(저희 개리(Gary)와 스티븐(Stephen)을 포함해서)은 직장에서 여성과 대화하는 데 능숙하지 못합니다. 특히 대화 상대인 여성이 다른 연령대일 경우 더욱 불편함을 느끼곤 합니다. 직장 환경에서 여성과 대화하는 법을 배우는 것은 모든 동맹에게 필요한 핵심 기술이므로, 연습을 통해 이 기술을 발전시키는 것이 중요합니다.

셋째, 동기를 부여할 수 있습니다. 성별 균형에 관해 여성들과 이야기 나누는 것은 자신뿐만 아니라 다른 사람들에게도 이 문제에 노력해야 할 필요성을 납득시키는 데 도움이 될 수 있습니다. 만약 스스로 '내가

이 일에 충분한 시간을 계속 할애할 수 있을까?' 혹은 '이것이 정말 중요한 일인가?' 하는 의문이 든다면, 여성들이 계속해서 직면하고 있는 어려움에 대한 최근 사례들을 듣는 것이 좋은 동기부여의 원천이 될 수 있습니다.

이 책에는 저희의 이야기가 여러 번 포함되어 있지만, 독자 여러분 스스로 자신만의 이야기와 일화를 만들어 나가는 것이 중요합니다. 그것이 사람들의 마음과 생각을 얻는 가장 영향력 있는 방법이기 때문입니다.

남성들을 동기부여하기: 성공의 요소들

남성들을 동맹 행사에 참여시키는 데 일단 성공했다면, 어떻게 그들의 참여를 지속시킬 수 있을까요? 다음은 고려해 볼 만한 네 가지 사항입니다:

1. 그들이 이야기하도록 만드십시오.

모든 사람의 실제 경험이 중요하게 다뤄지는 대화가 되도록 해야 합니다. '내 옆에 앉아보세요(Come sit with me)' 형식의 레드 체어 이벤트 (빨간 의자를 상징적인 초점으로 삼아 열린 대화, 경험 공유, 커뮤니티 참여를 장려하는 일종의 모임 또는 포럼-옮긴이) 가 좋은 시작이 될 수 있습니다.[1] 사람들이 돌아가며 의자에 앉아, 종종 성평등과 관련된 주제에 대해 자신의 개인적인 이야기를 공유하는 방식입니다. 이렇게 경험을 나누다 보면 장벽이 허물어지기 시작합니다. 지극히 개인적이면서도 때로는 매우 감동적인 이야기들이 나올 것입니다. 저희는 이런 종류의 행사를 진행해 보시기를 강력히 추천합니다.

2. 즐겁고 상호작용적으로 만드십시오.

다음에 소개하는 영상이나 글에 나오는 활동들은 준비하기 쉬우면서도 재미있고, 사람들이 평소에는 잘 교류하지 않던 다른 이들과 이야기하게 만드는 효과가 입증되었습니다:

- 덴마크 TV 2 / 우리가 공유하는 모든 것[2]
- 100달러 경주로 설명하는 특권층의 삶[3]
- 쓰레기통에 종이 뭉치 던지기[4]

3. 남성에게 미치는 부정적 영향에 대해 이야기하십시오.

성평등이 모두에게 좋다는 점을 명확히 하는 기사, 연구, TED Talks 강연 등은 매우 많습니다. 또한 남성성의 전형에 부응하려 애쓰는 남성들이 신체적으로나 정신적으로 치를 수 있는 대가를 보여주는 연구들도 있습니다. 예를 들어, 카탈리스트(Catalyst) 보고서는 남성들이 항상 승자가 되어야 하고, 감정이나 약점을 드러내서는 안 되며, '사나이 중의 사나이'가 되어야 한다는 압박감을 느낀다고 말합니다.[5] 남성들이 마음을 열고 자신의 건강과 정신적 웰빙에 대해 어떻게 느끼는지 탐색하도록 이끄는 것은 강력한 힘을 가질 수 있습니다. 이는 대화의 시작점이 될 수 있으며, 어쩌면 약간의 취약함을 드러냄으로써 남성들이 주변 사람들, 특히 여성 동료들의 일상적인 고민에 더욱 적극적으로 귀 기울이게 될 수도 있습니다.

4. 남성을 위한 혜택에 대해 이야기하십시오.

저희가 남성들과 대화하며 배운 한 가지는, 육아 휴직이나 유연 근무처럼 주로 여성을 위한 것으로 간주될 수 있는 여러 혜택과 정책들을 사실 남성들도 중요하게 여긴다는 점입니다. 하지만 남성들은 여성보다 이러한 정책들을 활용하기를 더 꺼리는 경향이 있습니다. 고위직 남성들이 이러한 정책들을 활용하는 사례를 조명하는 것은 다른 남성들의 이용을 장려할 수 있습니다.

코로나19(Covid-19) 상황은 롤 모델의 힘을 보여주는 또 다른 좋은 예입니다. 많은 지식 기반 기업에서 고위 리더들과 관리자들은 여러 달 동안 집에서 (효과적으로) 근무할 수밖에 없었습니다. 이 일은 많은 조직들이 재택근무에 대해 생각하는 방식과, 모든 직원이 반드시 상시적으로 사무실에서 근무해야 하는지에 대한 관점을 바꾸어 놓았습니다.

기업적인 측면에서 접근하라

직장 내 성평등을 위해 적극적으로 노력하는 많은 사람들은 경영상의 이점을 강조하며 시작하라고 조언합니다. 이와 관련된 주요 이점 및 연구 결과는 다음과 같습니다:

- **수익성 향상:** 성별 다양성 측면에서 상위 25%에 속하는 기업들은 각국의 해당 산업 평균보다 높은 재무 수익률을 기록할 가능성이 15% 더 높습니다.[6]
- **혁신 증대:** 남성과 여성이 함께 구성된 팀은 일반적인 경우보다 특허 인용률이 26% 더 높습니다.[7]
- **참여도 및 동기부여가 높은 인력:** 다양하고 더 포용적인 인력 구성을 갖춘 조직은 더 많은 협업(1.5배), 더 높은 팀 헌신도(1.4배), 그리고 더 많은 자발적 노력을 보여줍니다.[8]
- **모든 젠더를 위한 제품:** 초창기 에어백은 터지면서 여성과 아동의 사망 사고를 유발하는 경우가 있었습니다.[9] 유사한 문제들이 경찰 보호복[10]과 최근 코로나19(Covid-19) 팬데믹 시기에 사용된 개인 보호 장비(PPE) 디자인에서도 발견되었습니다.[11]
- **편견 없는 제품:** 애플 워치가 2014년 처음 출시되었을 때, '남성에 의해, 남성을 위해 디자인되었다'는 비판이 많았고 여성들이 기대할 만한 주요 건강 추적 기능들이

부족했습니다.[12] 골드만삭스가 새로운 애플페이 카드 서비스를 출시했을 때는, 동일한 신용 점수를 가진 남성과 여성에게 서로 다른 사용 한도가 적용되었다는 보고들이 있었습니다.[13]

결론적으로, 참석한 남성들에게 왜 다양성과 포용성이 자신과 자신의 팀에 중요해야 하는지, 왜 조직에 중요해야 하는지, 왜 자신의 가족과 주변 모든 이들에게 중요해야 하는지, 그리고 왜 미래에 근무하게 될 모든 회사에 중요할 것인지를 설득력 있게 제시하기 쉽습니다. 뿐만 아니라, 이 주제에 대한 지식을 넓히는 것은 그들 자신의 경력 성과를 개선하는 데에도 유리한 위치를 제공합니다.

남성들의 대화 경험

저희(스티븐(Stephen), 개리(Gary), 질(Jill))와 저희가 함께 일해 온 팀들은 직장 내 성평등에 관해 수천 명의 남성들과 대화를 나누었습니다. 그들이 주로 보이는 반응을 요약하면 다음과 같습니다:

• 대부분 성별 다양성이 문제라는 점, 특히 리더십 직책에서 더욱 그렇다는 점에 동의합니다.
• 남성들은 종종 자신의 편견과 행동이 문제의 일부임을 인식하지 못합니다. 주로 다른 사람의 편견이 문제라고 여깁니다.
• 남성들은 변화를 만들기 위해 자신이 무엇을 할 수 있는지 파악하는 데 어려움을 겪거나, 혹은 실수하거나 잘못된 말이나 행동을 할까 봐 두려워서 돕기를 주저합니다.

- 기꺼이 돕겠다고 말하는 경우에도, 실제 행동으로 이어지지 않는 경우가 많습니다.
- 특히 남성들은 성공의 기준을 낮게 설정하는 경향이 있습니다. 종종 '최근에 여성 한 명을 채용했다'는 사실을 내세우며 이것이 진전의 증거라고 여기기도 합니다.

남성들과의 대화에서 반복적으로 등장하는 몇 가지 주제가 있습니다. 아래에서는 남성들이 자주 하는 주요 발언 내용과 그 의미에 대한 저희의 생각, 그리고 저희의 대응 방식을 소개합니다.

'저는 모든 사람을 공정하고 평등하게 대합니다.'

이렇게 말하는 사람은 대화에 열려 있을 가능성이 높으므로, 즉시 반박하여 그를 멀어지게 만들 필요는 없습니다. 처음에는 모든 사람을 공정하고 평등하게 대한다는 것이 칭찬할 만한 목표처럼 보입니다. 하지만 '평등하게 대한다'는 것이 종종 '똑같이 대한다'는 의미로 잘못 받아들여지곤 합니다. 팀의 모든 구성원에게 동일한 수준의 지원과 유사한 기회를 제공하고 싶겠지만, 모든 사람을 똑같이 대하는 것은 거의 불가능할 뿐만 아니라, 사실 공평한 결과를 얻으려 한다면 도움이 되지도 않습니다.

이를 쉽게 이해하기 위해, 모든 사람에게 유니섹스 의류를 입히는 상황을 생각해 볼 수 있습니다. 모든 사람에게 맞는 단일 사이즈 의류 유형을 만들 수 없듯이, 서로 다른 젠더와 민족적 배경을 가진 사람들을 관리하는 데 획일적인 접근 방식을 적용할 수는 없습니다. 이는 종종 모든 사람을 남성처럼 대하는 결과를 낳습니다. 유니섹스 의류가 주로 남성 체형을 기준으로 디자인되고 여성의 체형을 염두에 둔 디자인은 거의 찾아볼 수 없는 것과 마찬가지입니다.

'저는 항상 그 직무에 가장 적합한 사람을 채용합니다.'

이런 말을 들을 때, 저희의 답변은 이렇습니다: '사실 회사는 당신에게 그 직무에 가장 적합한 사람을 뽑으라고 요구하는 것이 아닙니다. 팀 또는 회사 전체에 가장 적합한 사람을 채용하라고 요구하는 것입니다. 만약 당신의 팀이 8명의 백인 남성으로만 구성되어 있다면, 또 다른 백인 남성이 당신 팀에 가장 적합한 인물일 가능성은 낮습니다.'

이는 종종 다음과 같은 질문으로 이어지곤 합니다: '만약 역량이 동일한 남성 후보자와 여성 후보자가 있다면, 항상 여성을 채용하라는 말씀이신가요?'

이에 대해 저희는 이렇게 답합니다: '그런 경우는 절대 일어나지 않습니다. 젠더나 민족적 배경이 다르면서 역량이 똑같은 두 후보자가 있는 경우는 현실적으로 거의 없습니다. 따라서 그 예시 자체가 비현실적입니다. 하지만 그 점을 차치하고, 만약 정말로 동등하게 자격을 갖춘 두 후보자가 있다면, 저희는 항상 소수 집단 출신 후보자를 채용하라고 권합니다. 그들이 팀에 부가적인 가치, 즉 다양성을 가져다주기 때문입니다.'

이 조언에 몇 가지 참고 사항을 덧붙이고자 합니다. 첫째, 이러한 관점은 팀의 다양성 증대가 가져오는 경영상의 이점을 진심으로 믿는다는 전제하에 유효합니다. 둘째, 8명의 남성으로 구성된 팀에 여성 한 명만 채용할 경우, 그 여성은 그다지 포용적인 경험을 하지 못할 가능성이 높습니다. 따라서 그녀와 함께할 더 많은 여성을 채용해야 할 수도 있습니다. 셋째, '실력/자격(merit)'은 정성적인 판단이므로, 특정 직무의 맥락에서 실력/자격이 무엇을 의미하는지, 그리고 사람들이 그것을 어떻게 증명할 수 있는지를 탐색해 볼 가치가 있습니다. 사람들이 실력/자격의 의미에 대해 얼마나 질문을 던지지 않는지 보면 놀라울 정도입니다.

'여성들이 이 직무에 지원하지 않습니다' / '우리 업계/분야의 인력 파이프라인 문제입니다'

다시 말해, '이건 제 문제가 아니라 다른 누군가의 문제입니다'라는 뜻입니다. 파이프라인 문제 (여성이나 소수 그룹이 취업 시장에 충분히 들어오지 않아 발생하는 문제-옮긴이) 에 초점을 맞추는 것은, 관리자가 자신의 팀 다양성을 개선해야 할 책임을 회피하는 한 가지 방식입니다. 더 많은 여성을 채용할 가능성을 높이기 위해 관리자가 할 수 있는 일은 많습니다. 더 좋은 방법은, 이 부분에서 성공을 거둔 남성 리더들의 사례를 강조하는 것입니다.

사람들을 올바른 방향으로 이끌 가장 쉬운 시작 방법은 그들에게 직무 기술서를 살펴보라고 요청하는 것입니다. 대부분의 사람들(특히 남성들)은 직무 기술서나 역할 정의에 사용되는 언어가 특정 집단, 특히 여성들의 지원 의욕을 꺾을 수 있다는 사실을 알고 놀라곤 합니다. 저희는 채용을 다루는 제5장에서 언어 사용에 관해 몇 가지 더 실용적인 제안을 드릴 것입니다. 직무 기술서에 사용되는 언어는 모든 채용 관리자가 실행할 수 있으면서도 큰 변화를 만들 수 있는 간단한 방법입니다.

저희가 제시하는 또 다른 요점은, 조직 내에서 유사한 다른 팀들이 다양한 후보자들을 채용하는 데 훨씬 더 큰 성공을 거두고 있는 경우가 종종 있다는 것입니다. 따라서 그 팀들이 하고 있는 일 중에 자신들이 하지 않는 것은 무엇인지 살펴보아야 합니다.

'더 이상 무슨 말을 해야 할지 모르겠습니다.'

저희 경험상, 남성이 이렇게 말할 때는 두 가지 다른 관점에서 비롯될 수 있습니다. 하나는 소위 '지나친 정치적 올바름(political correctness, 특정 집단이나 개인에 대한 차별적, 편견적 언어와 행동을 피하고 모든 사람을 동등하게 존중하자는 주장-옮긴이)' 풍조 때문에, 자신이 별 뜻 없이 한 말에 다른 사람이 불편함을 느껴 오히려 자신이 피해를 본다고 여기는 경우입니다. 다른 하나는 어떤 표현이 부적절한 것으로 여겨지는지 진심으로 확신하지 못하는 경우입니다.

첫 번째 경우, 포용적인 환경에서는 종종 말하는 사람의 의도보다 사용된 언어가 듣는 사람에게 미치는 영향이 더 중요하다는 점을 이해시키는 데 꽤 긴 대화가 필요할 수 있습니다. 만약 당신의 말이 누군가를 불편하게 하거나 소속감을 느끼지 못하게 만든다면, 그들이 팀의 일원이라는 사실에 대해 긍정적으로 느낄 수 있도록 그러한 언어 사용을 피하도록 노력해야 합니다. 환영받지 못한다는 느낌을 주는 말을 계속 사용하는 것은 누적 효과를 일으켜, 시간이 지남에 따라 그들의 의욕을 저하시키고 결과적으로 팀 내 성과를 떨어뜨릴 가능성이 높습니다.

두 경우 모두, 완벽한 사람은 아무도 없으며 누구나 실수하고 잘못된 말을 할 수 있다는 점을 지적해 주는 것이 좋습니다. 우리 모두 때때로 그러하기 때문입니다. 중요한 것은 사람들이 비포용적인 언어를 편안하게 지적할 수 있는 분위기를 조성하는 것이며, 당신이 지적을 받았을 때는 기꺼이 사과하고 다음번에는 더 잘하려고 노력하겠다는 의지를 보여야 한다는 점입니다. 팀 전체와 함께 어떤 언어가 용납될 수 없으며 피해야 하는지에 대해 솔직한 대화를 나누고 합의하는 것이 좋습니다.

'이 문제는 자연스럽게 사라질 것입니다' / '젊은 세대는 이런 문제가 없습니다'

젊은 세대가 1970년대, 80년대, 90년대에 사회생활을 시작한 세대보다 성평등 의식이 훨씬 더 높은 것은 사실입니다. 그들은 어린 시절 일하는 어머니를 두었을 가능성이 더 높고, 고위직 여성 롤 모델을 더 많이 보며 자랐습니다. 또한 훨씬 더 다양한 배경의 친구들을 사귀었을 가능성이 높습니다.

하지만 다음 세대에게 이 문제를 넘긴다면, 첫째, 직장에서 더 나은 성별 균형을 이루기까지 끔찍하게 오랜 시간을 기다려야 할 것이고, 둘째, 현세대가 마땅히 져야 할 책임을 다하지 않는 셈이 됩니다. 또한 저희는 젊은 세대가 반드시 더 포용적인 방식으로 행동할 것이라고 확신하지 못합니다. 남성 페미니스트나 반인종차별주의자가 새로운 현상은 아닙니다. 게다가 젠더 고정관념은 여전히 대부분의 문화에 깊이 배어 있어 바꾸기가 매우 어렵습니다. 만약 학교, 대학 및 대학교에서 남자아이들이 여자아이들과 다른 분야로 진출하도록 교육받는다면 직장에 들어가기 전부터 형성 경험(formative experience, 어떤 사람의 성격, 가치관, 또는 인생관을 형성하는 데 중요한 역할을 한 경험-옮긴이)이 남성 중심의 환경에서 이루어질 수밖에 없습니다. 이는 결국 현재 직장 내 남성들에게서 이미 관찰되는 바로 그 편견들을 강화할 수 있습니다.

하지만 저희가 워크숍을 진행했을 때, 젊은 남성들 역시 이러한 대화와 실용적인 조언들로부터 많은 것을 얻어 간다는 것을 발견했습니다.

'다양성이 너무 과도합니다' / '소수자 우대 정책이 너무 많습니다'

저희 경험에 따르면, 많은 사람들이 특정인이 어떤 직책을 맡거나 특정 직급으로 승진한 이유가 그 사람의 젠더 또는 젠더와 민족적 배경의 조합 때문이라고 한 번쯤은 생각해 본 적이 있습니다. 더 소수이기는 하지만, 현재 조직 내에 체계적인 적극적 우대 조치(즉, 특정 집단을 불공정하게 우대하는 것)가 존재하며 그 결과 조직 내 다수 집단의 장래성이 저해된다고 느끼는 사람들도 있습니다. 저희 경험상, 사람들은 자신이 의견을 공유해도 안전한 환경이라고 느끼지 않는 한 이러한 견해를 일반적으로 드러내지 않습니다. 저희 워크숍에서는 일부 참가자들이 속으로는 이렇게 생각하지만 선뜻 말하지 못할 가능성이 높다는 것을 알기에, 종종 이 지점에 대한 토론을 유도하려고 노력합니다.

일부 사람들이 이러한 견해를 갖는 데에는 몇 가지 이유가 있다고 생각합니다. 첫째, 대부분의 사람들이 '적극적 조치(positive action,

사회적 약자나 소수자의 사회적, 경제적 지위 향상을 위해 특별히 고려하거나 지원하는 조치-옮긴이)'와 그것이 '역차별(positive discrimination)'로 인식되는 경우의 차이를 이해하지 못하기 때문입니다. 이는 조직 내에서 통상적으로 논의되는 주제가 아니므로, 잘 이해되지 못한다고 해서 놀랄 일은 아닙니다. '적극적 조치'란 많은 기업들이 소수 집단이 다수 집단은 겪지 않는 장벽과 편견을 극복하도록 돕기 위해 시행하는 정책들입니다. 적극적 조치의 형태로는 소수 집단을 위한 네트워크 지원, 승진 준비를 돕는 리더십 역량 강화 과정, 또는 승진 과정에서 다양한 집단이 적절히 고려되고 있는지 특별히 점검하는 것 등이 있습니다.

조직들은 다양한 집단이 충분히 대표되지 못하거나 어떤 식으로든 불리한 위치에 있을 때 이러한 적극적 조치들을 시행합니다. 문제는 이러한 적극적 조치의 시행 이유가 명확히 강조되지 않아, 다수 집단에게는 그 배경이 잘 전달되지 않는 경우가 많다는 점입니다. 자사에 편견이 존재하거나 소수 집단이 기대만큼 채용 또는 승진하기 어려운 문화가 있다는 사실을 인정하려는 회사는 거의 없습니다. 이러한 상황은 일부 직원들로 하여금 '왜 나는 이런 특별 대우를 받지 못하는가?'라는 의문을 갖게 만들 수 있으며, 이는 곧 역차별이 존재한다는 인식의 근간이 될 수 있습니다.

둘째, 실제로 소수 집단에 속한 후보자를 불공정하게 우대하는 소수의 관리자들이 존재합니다. (저희가 관찰한 바로는, 주로 다수 민족 및 젠더 집단에 속한 관리자들이 이렇게 하는 경향이 있습니다.) 그들은 소속 부서의 다양성을 개선해야 한다는 압박감을 느끼면서도, 이를 효과적으로 수행할 지식이나 기술이 부족하거나 혹은 빠른 해결책을 찾으려다 결국 적극적 우대 조치(positive discrimination)를 시행하게 되는 경우입니다. 이러한 일이 전혀 일어나지 않는다고 주장하기는 어렵습니다. 그래서 저희는 설령 그런 사례를 알고 있다 하더라도 이는 드물게 발생하는 일이며, 그 영향을 과장하지 않는 것이 중요하다고 강조하는 편입니다.

마지막으로, 제1장에서 논의했듯이, 이는 서툰 의사소통 문제이거나, 승진 후보자의 다양성 검토를 요청받는 다른 사람들에게 '여성을 더 많이 승진시키라는 지시를 받았다'고 말해버리는 생각이 짧은 관리자들 때문일 수도 있습니다.

'리더십 직책에 여성이 부족한 것은 육아 때문입니다'

때때로 저희에게는 성별 균형에 관한 모든 심도 있는 대화가 결국 육아 문제에 대한 논의로 귀결되는 것처럼 보일 때가 있습니다. 육아는 핵심적인 고려 사항이며, 만약 조직이 현재 부모이거나 부모가 되기를 원하는 직원들을 위해 포용적인 접근 방식과 강력한 지원 정책을 갖추고 있지 않다면, 이런 결론에 쉽게 도달할 수도 있음을 저희도 이해합니다.

이러한 주장에 대한 저희의 간단한 대응은 (다른 많은 주장에 대해서도 마찬가지지만) 그것이 사실임을 증명하는 연구를 인용할 수 있는지 묻는 것입니다. 지금까지 이 책에서 저희가 공유한 연구들에서 보셨듯이, 어머니라는 사실이나 육아 문제 외에도 여성의 경력 발전에 영향을 미치는 다른 요인들이 많다는 충분한 증거가 있습니다. 많은 여성들에게 있어, 육아가 리더십 직책에서 그들의 수가 불균형하게 적은 주된 이유는 아닙니다. 결국, 모든 여성이 자녀를 갖거나 가질 예정인 것은 아니며, 자녀가 있는 여성 중 다수는 육아를 지원하는 파트너가 있거나, 혹은 경력 중 비교적 짧은 기간 동안만 일과 가정생활의 균형을 맞추는 힘든 도전에 직면할 수도 있기 때문입니다.

그렇긴 하지만, 조직은 남성과 여성 모두가 자녀 출산 또는 다른 이유로 경력 단절 기간을 갖는 것을 포함하여, 육아 휴직에 대해 강력하고 통합된 접근 방식을 갖출 필요가 있습니다.

'저는 이런 문제를 본 적이 없습니다. 문제가 있다고 생각하지 않습니다.'

이렇게 말하는 사람에게 우선 지적할 점은, 남성들은 여성들이 경험하는 성차별의 여러 미묘한 방식들을 잘 보지 못하는 경향이 있다는 것입니다. 이에 대한 증거와 이유는 제1장에서 이미 논의했습니다. 저희는 또한 이 남성들에게 왜 그렇게 생각하는지 묻고, 그 다음에는 그들이 직면한 어려움에 대해 이야기하는 동료들의 의견을 함께 살펴봅니다. 저희가 논의하는 두 번째 사안은 그들의 팀 내 여성 비율 문제입니다. 설령 그들이 부적절한 행동을 목격하지 못했더라도, 여성이 부족하다는 사실 자체가 문제라는 것이 저희의 견해입니다. 저희의 목표는 여성이 직면하는 많은 어려움들이 현재 그들에게는 보이지 않는다는 점을 이해시키고, 이러한 대화가 그것들을 가시화하는 데 도움이 되도록 하는 것입니다.

'저는 특권을 누리지 못했습니다.'

모든 사람은 각자 다른 삶의 경험을 통해 현재의 자신이 됩니다. 어떤 이들은 불리한 배경 때문에 양질의 교육 기회를 충분히 얻지 못했거나, 학업에 집중하기 어려운 가정환경에서 자랐거나, 고등 교육을 받지 못했을 수도 있습니다. 또 어떤 이들은 다른 사람들에게는 주어지지 않았던 특별한 업무 경험이나 취업 기회를 가졌을 수도 있습니다. 저희가 모든 남성이 특권적인 환경에서 자랐거나 특권적인 삶을 살았다고 말하는 것은 아닙니다.

저희가 강조하는 요점은, 일의 세계가 역사적으로 남성을 기본값으로 삼아 형성되어 왔다는 것입니다. 따라서 제1장의 편견에 관한 섹션에서 설명했듯이, 직장에서 사람들의 행동 방식과 인정받는 방식에 있어 남성과 여성에게 적용되는 특정한 기대치가 다릅니다.[14] 예를 들어, 많은 사람들이 여전히 남성이 더 야망이 크고 여성은 가정을 꾸리기 위해 자신의 경력을 희생할 것이라고 가정합니다. 비록 연구 결과 이것이 더 이상 사실이 아님이 밝혀졌음에도 말입니다.[15] 이러한 기대와 관행들이 남성을 중심으로 이루어져 왔기 때문에, 남성들은 종종 직장 환경에서 상대적인 이점을 누리며, 역사적으로 여성에게는 주어지지 않았던 기회들을 심지어 스스로 인식하지 못한 채로 접근할 수 있었습니다.

'유전적인 문제 아닐까요?'

일부 남성들은 유전적인 이유로 여성이 직장의 특정 역할에 '적합하지 않다'고 믿습니다. 이런 생각을 공개적으로 표현하는 남성은 많지 않지만, 공론화된 사례가 몇몇 있었습니다. 한번은 기술 분야의 성별 다양성 문제에 대해 어떻게 생각하냐는 질문에, 한 남성이 '모든 것은 유전자에 달려 있으며', 강력한 소프트웨어 엔지니어가 되기 위해 필요한 논리적이고 구조적인 사고 과정에서 여성이 남성만큼 뛰어나지 않다는 것이 '증명되었다'고 주장한 적도 있습니다. 저희가 미처 대응하기도 전에, 자리에 있던 다른 남성들 대부분이 즉시 반박하며 이는 명백히 사실이 아니며 자신들 모두 매우 재능 있는 여성 엔지니어들을 알고 있다고 목소리를 높였습니다.

하지만 저희에게는, 여성이 남성만큼 소프트웨어 개발에 능숙하지 못하다는 믿음이 틀렸음을 강력히 시사하는 흥미로운 사례 연구라는 대응책이 있습니다. 저희는 이 사례를 여러 차례 인용해 왔습니다.[16]

사례 연구: 오픈 소스에서의 젠더 차이와 편견

오픈 소스 소프트웨어 커뮤니티(소프트웨어의 소스 코드를 공개하고, 누구나 그것을 사용, 수정, 배포할 수 있도록 하는 개발자 및 사용자들의 모임-옮긴이)에서 남성과 여성의 코드 기여 수락률을 비교한 한 연구에 따르면, 전반적으로는 여성의 기여가 남성보다 더 자주 수락되는 경향이 나타났습니다. 하지만 여성의 젠더가 식별 가능할 경우에는 오히려 더 자주 거절되었습니다.

이 연구에서 흥미로운 점은, 코드 평가자들이 기여자의 젠더를 알지 못했을 때 여성의 코딩 실력이 남성보다 더 뛰어나다고 평가했다는 사실입니다. 오늘날 작성되는 대부분의 소프트웨어가 남성에 의해 만들어진다는 점을 고려하면 이는 특히 놀라운 결과입니다.

이 연구는 오픈 소스 소프트웨어를 대상으로, 남성과 여성의 코드 변경 제안이 해당 소프트웨어의 전문 검토자들에게 얼마나 자주 승인되는지를 분석했습니다. 이때 변경 승인은 해당 코드 수정의 품질을 나타내는 척도로 간주되었습니다. 이 연구는 더 나아가 검토자가 코드 작성자의 젠더를 알고 있었는지, 그리고 알고 있었다면 그 여성 코드 작성자가 검토자에게 알려진 인물이었는지 여부도 분석했습니다.

첫 번째 연구 결과는 다소 놀라웠습니다(적어도 저희가 아는 소프트웨어 업계에 종사하는 많은 남성들에게는 그랬습니다). 검토자들이 코드 작성자의 젠더를 인지하지 못했을 때, 여성의 코드 변경 제안 승인율은 79%였고 남성은 75%였습니다. 이는 해당 소프트웨어 제품의 동료 전문가 집단이 여성의 기여를 더 자주 수락했다는 사실에 근거할 때, 여성이 남성보다 코딩을 더 잘하거나 더 성공적으로 수행했음을 시사합니다.

두 번째 연구 결과는 그다지 놀랍지 않았습니다. 승인자가 코드 작성자의 젠더를 알고 있었을 경우(그리고 그 코드 작성자가 승인자에게 알려지지 않은 사람이었을 경우), 제출된 소프트웨어 변경 사항에 대한 여성의 승인율은 57%로 떨어진 반면, 남성의 승인율은 62%로 떨어졌습니다. 이는 명백히 여성에 대한 편견이 작용했음을 보여줍니다.

해당 연구의 저자들은 이 데이터가 '오픈 소스 분야에서 여성이 평균적으로 남성보다 더 유능하며, 여성에 대한 차별이 실제로 존재한다'는 점을 보여준다고 주장합니다.

발생할 수 있는 문제 상황들

동맹 그룹을 만들고 남성 그룹들과 대화하는 과정에서, 저희는 몇 가지 저항에 부딪혔습니다. 이러한 문제들은 흔히 발생할 수 있을 것으로 예상되기에, 독자 여러분이 잠재적인 방해 요인을 파악하는 데 도움이 될 만한 몇 가지 팁을 여기에 포함했습니다.

먼저 저희가 남성 동맹 네트워크에 대해 논의를 시작했을 때, 함께 일했던 다수의 여성들과 직원 자원 그룹(Employees Resource Groups, ERG)은 다소 경계하는 모습을 보이거나 일부는 적극적으로 반대하며 이렇게 묻기도 했습니다: '정말로 이 문제에 (남성들의) 도움이 필요한가요? 이 주제에 대해 무엇을 아시나요?' 이런 반응이 있더라도 놀라지 마십시오. 저희의 조언은, 만약 해당 주제에 대해 아는 바가 거의 없다면 솔직하게 인정하라는 것입니다. 배울 의향이 있으며, 남성이자 다수 집단의 일원으로서 다른 남성들과 대화하여 그 많은 사람들이 다양성과 포용성을 위한 행동에 나서도록 더 동기를 부여할 수 있다고 말하십시오. 저희에게 효과적이었던 방법은, 저희가 하는 일을 꾸준히 설명하고, 가능하면 그것이 어떻게 효과를 발휘하는지에 대한 증거를 보여주려 노력하는 것이었습니다. 시간이 지나면서 이 그룹들은 점차 저희의 노력이 다양성과 포용성 활동에 유익하다는 점을 받아들이게 되었습니다.

자주 듣는 또 다른 질문은 다음과 같았습니다: '왜 동맹이 필요한가요? 이건 무의식적 편견의 문제 아닌가요? 모든 사람에게 무의식적 편견 교육을 제공해야 하지 않을까요?' 물론 무의식적 편견 교육은 남성과 여성 모두 자신의 편견을 이해하고, 그것이 일상적인 의사 결정에 어떤 영향을 미칠 수 있는지 파악하는 데 도움이 될 수 있습니다. 하지만 연구에 따르면, 이러한 교육은 사람들이 이러한 편견에 대처하기 위한 행동을 하도록 장려하는 데에는 거의 효과가 없다고 합니다.[17] 조직이 이러한 편견들을 극복하기 위한 구체적인 조치를 취하도록 돕기 위해서는, 동맹들에게 관련 지식과 동기, 그리고 기술이 갖추어져 있어야 합니다.

핵심 요약

남성들을 성별 포용을 위한 동맹으로서 적극적으로 활동하도록 참여시키는 것은 쉽지 않은 일입니다. 독자 여러분께 도움을 드리고자, 저희가 배운 점들을 다음 주제별로 공유했습니다:

- 운영 그룹을 시작하는 방법과 명확한 목적의식 설정
- 동맹 네트워크 구축 방법
- 필요한 시간 투입에 전념하는, 동기부여된 그룹을 위한 성공 요소
- 예상되는 어려움과 질문들, 그리고 이에 대처하는 방법

좋은 소식은, 회의적인 남성들조차도 포용성과 성평등을 개선하는 방법에 관해 기꺼이 대화할 의향이 있다는 점을 저희가 발견했다는 것입니다.

다음 장에서는 그룹이 성평등에 대해 더 깊이 배울 수 있는 몇 가지 방법과, 경험 및 모범 사례를 공유하여 포용성을 개선하고 직장 내 젠더

편견을 해소하는 것을 목표로 저희가 논의를 이끌기 위해 마련한 일부 내용 및 구조에 대해 논의하겠습니다.

3장

남성들의 인식
전환하기

저희 남성 동맹 운영 위원회를 이끌 여러 시니어 남성을 모으고 동맹 네트워크에 남성들을 모집하기 시작한 후, 저희는 조직 문화를 변화시키는 데 도움이 될 다음 단계를 구상해야 했습니다. 이번 장에서는 저희가 시도했던 것들과 그 과정에서 배운 점들을 설명하여, 독자 여러분의 여정에 도움이 될 만한 내용을 공유하고자 합니다.

동맹을 위한 워크숍

저희는 회사 내 여성들의 경험을 사람들이 더 잘 이해하도록 돕는 것을 목표로 워크숍을 만들기로 결정했습니다. 저희는 먼저 조직 내 중간 직급 및 주니어급 여성들에게 연락하여, 팀과 관리자들의 어떤 행동과 가정이 그들의 업무 수행과 성공을 더 어렵게 만드는지(제1장에서 논의했던 종류의 문제들) 파악하는 것부터 시작했습니다. 이것이야말로 주변 남성들의 생각과 믿음을 바꾸고 추진력을 얻기 위해 꼭 필요한 피드백이었습니다.

하지만 워크숍은 단순히 여성의 경험을 전달하는 것을 넘어서야 했습니다. 즉, 상황을 바꾸고 개선하기 위해 남성 개개인이 무엇을 할 수 있는지에 관한 것이어야 했습니다. 저희가 이전에 시도했던 포용성 교육의 한계점 중 하나는, 그것이 무의식적 편견에만 초점을 맞추었다는 점입니다. 무의식적 편견을 다루는 것이 문제 이해를 위한 유용한 첫걸음이기는 하지만, 개인이 어떻게 다르게 행동할 수 있는지에 대한 실질적인 조언을 제공하지 못하는 경우가 많았습니다.

저희는 또한 남성들에게 자신의 견해를 표현할 수 있는 장을 마련해 주고 싶었습니다. 연구에 따르면 성평등 논의에서 남성의 목소리가 빠져 있는 경우가 많다고 합니다.¹ 저희는 여성들의 피드백을 수집했지만, 남성들 역시 자신의 견해를 밝힐 수 있어야 한다고 생각했습니다. 여성들이 들려준 이야기에 대해 논의할 때, 남성들은 그것에 대해 어떻게 생각하고 느끼는지, 자신의 팀에서도 그런 문제를 목격했는지, 만약 그렇다면 어떻게 대처해야 할지에 대한 아이디어가 있는지, 여성 동료가 어려움을 겪었을 때 그들이 나서서 이야기하거나 개입한 적이 있는지 등, 저희는 이런 점들이 궁금했습니다.

저희의 마지막 우선순위는 남성들의 흥미를 끌고 참여를 유도할 수 있는 무언가를 만드는 것이었습니다. 모든 사람이 참여하고 기여할 기회를 갖는 상호작용적인 방식이어야 했습니다. 저희는 참석한 남성들이 대화를 피하는 것을 원치 않았습니다. 가능한 한 개방적이고 솔직한 대화를 통해 그들 모두의 목소리를 듣고 싶었습니다. 저희는 이것이 결코 '교육'으로 묘사되지 않도록 매우 고심했습니다. 이는 모든 사람이 참여하고 각자 자신의 실행 계획을 도출하도록 기대되는 '워크숍'이어야 했습니다.

이 시점에서 한 가지 분명히 말씀드리고 싶은 점이 있습니다. 저희가 남성 동맹 여정을 시작했던 회사는 과거에도 그랬고 현재도 여전히 일하기 좋은 회사입니다. 저희가 보기에, 전반적으로 이 회사는 모든 직원을 잘 대우하고 사업 방식에 다양성과 포용성을 내재화하기 위해 막대한 투자를 해왔습니다. 아마 다른 많은 고용주들보다 더 많은 투자를 했을 것입니다. 하지만 완벽한 회사는 없습니다. 그곳에서 일하는 개인들 역시 완벽하지 않기 때문입니다. 거의 모든 회사에는 개선의 여지가 더 있습니다.

이러한 워크숍 운영 경험이 쌓이고 다른 산업 분야의 기업들 및 정부 기관들과 협력하면서, 저희는 제기된 많은 의견과 경험들이 이들 각기 다른 조직들에서도 공통적으로 나타난다는 것을 발견했습니다. 저희가 발견한 문제점들은 결코 이 프로그램을 처음 구축했던 특정 회사에만 국한된 것이 아니었습니다.

남성만을 위한 세션인가?

저희는 남성들만 대상으로 하는 세션과 남성과 여성이 함께 참여하는 세션을 모두 운영해 보았는데, 각각 장단점이 있었습니다. 세션에 여성을 참여시키면 귀중하면서도 때로는 예상치 못한 관점을 얻을 수 있습니다. 예를 들어, 한 혼성 세션에서 인상적인 상호작용이 있었습니다. 한 남성이 '이 주제에 대해 이야기하는 것이 정말 어렵습니다'라고 말하자, 바로 옆에 앉아 있던 여성이 '사실 저도 그렇습니다'라고 답한 것입니다.

이는 저희에게도 상당히 놀라운 깨달음을 주었습니다. 왜냐하면 남성들은 보통 여성들이 이 주제에 대해 자주 이야기하며 편안하게 느낀다고 가정하는 경향이 있기 때문입니다. 남성들은 또한 여성들이 이러한 문제들에 대해 이야기하지 않으면, 문제가 없다는 뜻이라고 가정하기도 합니다.

여성들이 이러한 대화를 불편하게 느낄 수 있는 이유는 많습니다.

이는 심지어 다른 여성들 사이에서조차 그럴 수 있으며, 남성들과 함께라면 더욱 어려울 수 있습니다. 예를 들어, 어려움을 겪는 사람이 자신뿐이라고 믿거나, '까다로운 사람' 혹은 '팀 플레이어가 아닌 사람'으로 낙인찍힐 위험을 감수하고 싶지 않기 때문일 수 있습니다. 여성들은 저희에게 불만을 제기하는 것이 감정적으로 지치고 힘든 일일 수 있으며, 자신의 경력 발전을 더욱 위태롭게 할까 봐 두렵다고 말했습니다. 이러한 여성의 관점을 듣는 것은, 남성들에게 섣불리 가정하지 않는 것의 중요성에 대한 귀중한 교훈을 줍니다.

하지만 저희는 초기 몇 년간은 남성 참가자들만 대상으로 워크숍을 진행하는 데 집중했습니다. 저희는 남성들이 완전히 개방적이고 솔직해지기를 원했으며, 특히 무엇이 용인되는 범위인지 혼란스럽거나 확신이 없을 때 자신의 생각을 정직하게 공유할 수 있는 편안한 환경을 조성할 필요가 있다고 느꼈습니다. 또한 남성들이 당혹스러워하거나, 여성들 앞에서 할 말을 억눌러야 한다고 느끼기를 원치 않았습니다. 특히, 만약 그들이 여성들이 직면한 어려움에 대한 견해가 근거 없다고 생각한다면, 저희는 그 이유를 알아야 했고 그 문제를 다루기 위한 대화를 시작할 수 있었습니다.

물론 남성들만 참여하는 세션에서도 여성 동료들의 관점을 대변하는 것은 중요합니다. 여성들을 (직접) 참여시키는 것은 어려울 수 있습니다. 일부 여성들, 주로 더 높은 직급의 여성들은 자신의 경험을 기꺼이 이야기하지만, 다른 여성들은 그것이 감정적으로 소모되고 자신의 평판과 경력 발전에 잠재적 위험이 될 수 있다고 생각합니다. 최근 학술 연구에 따르면 이러한 두려움이 근거 없는 것만은 아닙니다.[2] 그럼에도 불구하고, 저희는 여성들의 목소리를 세션 안으로 가져올 방법을 찾기를 권장합니다. (아마도 소규모 그룹 형태로) 직접 참여시키거나, 혹은 여성 동료들의 피드백을 요약하여 전달하는 방식입니다. 또는 최근에 조직을 떠난 여성들을 포함하여, 여러 여성들의 짧은 인터뷰 영상을 활용하는 것도 좋은 방법입니다.

시간이 흐르면서 저희 남성 동맹 그룹이 성숙해지고 더 널리 받아들여지고 이해되면서, 저희는 더 많은 혼성 세션을 운영하기 시작했습니다. 비록 여전히 참가자의 대다수는 남성이었지만 말입니다. 남성만을 대상으로 한 워크숍 이후에 남성과 여성 수가 동일한 혼성 세션을 진행하는 것은 훌륭한 후속 활동이 될 수 있습니다.

마지막으로 강조하고 싶은 점은, 남성들만 참여하는 워크숍을 진행할 때 같은 팀의 여성들에게 워크숍 내용과 진행 이유를 알려주는 것이 아주 좋은 생각이라는 것입니다. 이렇게 했을 때, 저희는 여성들이 매우 지지적이며 참석자를 모집하는 데에도 도움을 준다는 것을 알게 되었습니다. 또한 워크숍이 진행된 후 여성들에게 변화가 감지되는지 물어보는 것도 좋은 생각입니다. 물론 변화에는 시간이 걸리고 지속적인 상기가 필요하다는 점은 염두에 두어야 합니다.

참석 의무화 여부

저희의 다음 논의 주제는 참석을 의무화할 것인지 아니면 자율에 맡길 것인지에 관한 것이었습니다. 한편으로는, 의무적인 다양성과 포용성 교육은 효과가 없으며 오히려 반발을 일으킬 수 있다는 연구 결과가 있습니다.[3] 다른 한편으로, 참석을 자율에 맡기면 이미 다양성과 포용성의 중요성을 확신하는 사람들만 끌어들일 위험이 있습니다.

저희 경험에 비추어, 유사한 프로그램을 도입하려는 분들께 두 가지를 권장합니다. 첫째, 해당 워크숍을 전사적인 다양성과 포용성 학습 패키지 전반과 연계하십시오. 둘째, 모든 직원이 매년 일정량의 다양성과 포용성 관련 학습 및/또는 행사에 의무적으로 참여하도록 하되, 어떤 활동에 참여할지는 스스로 선택할 수 있도록 허용하십시오.

저희가 처음부터 매우 유용하다고 깨달았던 또 다른 점은 진행자를 두 명 두는 것이었습니다. 만약 진행자가 한 명뿐인데 워크숍 분위기가 다소 거칠어지면, 메시지를 일관되게 전달하고 가장 이견이 큰 목소리에 대처하기가 어려워졌습니다. 두 번째 진행자는 분위기를 파악하고 상황이 어려워질 경우 개입할 수 있을 뿐만 아니라, 상대적으로 조용한 목소리들을 찾아내어 그들의 참여를 독려할 수도 있습니다.

워크숍 내용 구성

다음으로, 워크숍을 어떻게 운영할지 살펴보겠습니다. 워크숍 시작부터 올바른 분위기를 조성하는 것이 중요합니다. 저희는 보통 다음과 같은 말로 세션을 시작합니다:

'이 자리는 누구에게 죄책감을 주거나 누구의 탓을 하려는 것이 아닙니다. 우리 모두는 각자의 문화적 성장 배경과 미디어 속 편견의 영향을 받습니다. 따라서 사람들이 학습된 편견과 행동 방식을 가지고 직장에 나오는 것은 당연합니다. 여러분이 여기에 오신 것은 누군가가 여러분의 잘못된 말이나 행동을 지적했기 때문이 아닙니다. 그 누구도 의도적으로 불친절하게 행동하려고 출근하지는 않습니다. 하지만 때때로 사람들은 성평등을 지지하지 않는 방식으로 일하게 되기도 합니다. 우리가 함께 노력함으로써 이러한 행동들에 이의를 제기하고 문화를 개선할 수 있습니다.

'저희 회사는 다양성과 포용성을 지원해 온 탄탄한 실적을 가지고 있지만, 여전히 더 많은 진전이 필요합니다. 더 많은 여성을 채용하고 승진시키는 것만으로는 충분하지 않으며, 그들이 회사에 계속 남고 싶도록 동기를 부여하는 것 또한 확실히 해야 합니다. 물론 이를 위해서는 회사가 우리를 도울 올바른 정책과 절차를 갖추어야 합니다. 하지만 모든 구성원이 소속감을 느끼도록 만드는 것은 결국 우리 개개인 모두의 책임입니다. 저희는 이를 가장 잘 실천할 수 있는 방법에 대한 여러 실용적인 팁들을 공유하겠습니다. 가장 중요하게는, 우리 모두가 더 잘 해나갈 수 있는 일들에 대한 여러분의 아이디어와 관점을 듣고 싶습니다.'

저희가 이 워크숍 그룹들을 운영할 때, 도입부 마지막 순서에서는 저희가 왜 이 자리에 있는지, 왜 이 활동에 참여하게 되었는지, 그리고 이를 통해 무엇을 배웠는지에 대한 저희의 이야기를 들려줍니다. 이는 이 책의 서론에서 저희가 공유했던 바로 그 이야기들입니다.

남성들의 생각 묻기

다음 단계는 사람들의 참여를 유도하는 것입니다. 저희는 모든 참석자에게 자신을 소개하고(자신이 누구이며 어떤 일을 하는지), '자신이 속한 분야에 다양성 문제가 있다고 생각하십니까?'라는 질문에 답하며 목격한 사례가 있다면 공유해 달라고 요청합니다.

모든 사람이 초반부터 참여할 기회를 갖는 것이 중요합니다. 앞서 말씀드렸듯이, 저희는 누구도 뒤로 물러서기를 원치 않으며, 각 참여자가 개인적인 여정의 어느 지점에 있는지 파악할 필요가 있습니다. 저희가 발견한 바에 따르면, 참여자들의 상태는 완전한 무지나 무관심, 심지어 약간의 적대감을 보이는 경우부터 열정적인 지지자에 이르기까지 다양하며, 그 중간에는 문제는 인지하지만 행동에 나설 동기는 부족한 상태도 있습니다. 이러한 초반 토론을 통해 일반적으로 몇 가지 핵심 쟁점과 주요 논의 영역이 드러나게 됩니다.

이렇게 시작하는 방식은 저희의 신뢰도를 구축하고 어느 정도의 전문성을 보여주는 데에도 도움이 됩니다. 예를 들어, 남성들이 여성 인력 풀의 부족에 대해 불평할 때, 저희는 여성들이 요구되는 모든 기술을 갖췄다고 느끼지 않는 한 긴 기술 목록이 나열된 직무에는 지원하지 않는 반면(남성들은 단 60%만 충족해도 지원함), 더 나은 직무 기술서를 작성함으로써 이 문제를 쉽게 해결할 수 있다는 연구 결과를 이야기합니다.[4]

이 단계의 목표는 사람들이 입을 열게 하고, 어떤 판단도 내리려 하지 않으며, 그저 그들이 하는 말에 귀 기울이는 것입니다. 저희는 나중에 대화를 이끌어가는 데 참고하기 위해 메모를 하고, 참여자들의 솔직함에 감사를 표합니다.

남성 특권

이제 모든 참석자가 기여할 기회를 가졌으므로, 저희는 논의의 수준을 조금 높입니다. 이를 위해 미국 작가이자 사회학자인 마이클 키멜(Michael Kimmel) 박사의 '성평등은 남성을 포함한 모두에게 좋은 이유'라는 제목의 TED Talks 강연을 보여줍니다.[5]

이 강연은 사람들, 특히 남성들이 일반적으로 믿는 것들, 예를 들어 자신이 항상 모든 사람을 공정하고 평등하게 대한다는 믿음 등을 다시 생각해 볼 기회를 제공하는 경향이 있습니다. 키멜 박사의 영상은 자신이 왜 성평등 운동에 참여하게 되었는지, 그리고 청중 역시 왜 그래야 하는지를 설명하며 참석자들에게 보통 큰 영향을 미칩니다. 이 강연에는 남성 특권, 특히 백인 남성 특권에 대한 명확한 메시지가 담겨 있으며, 그 특권이 종종 그것을 가진 사람들에게는 보이지 않는다는 점을 설명합니다. 또한 남성 특권뿐만 아니라 여성들 사이에서도 경험이 다르다는 점, 예를 들어 백인 여성과 흑인 여성의 경험 차이, 그리고 백인 여성은 흑인 여성이 인종 문제에 대해 생각해야 하는 방식으로는 고민할 필요가 없다는 점 등을 보여줍니다.

이 강연은 보통 청중으로부터 꽤 큰 반응을 얻습니다. 좋은 이야기와 일화, 상당한 유머가 담겨 있으며, 워크숍 토론으로 가져올 만한 훌륭한 소재를 많이 제공합니다.

영상이 끝나면, 저희는 참석한 남성들에게 묻습니다: '어떻게 보셨습니까? 메시지가 와닿으셨나요? 여러분의 관점을 바꾼 부분이 있었습니까? 특별히 마음에 들거나 즐거웠던 점이 있으셨나요?'

이어지는 토론에서는 다음 사항들이 충분히 이해되었는지 확인합니다:

- 직장 내 여성에 대한 지속적이고 내재적인 편견이 존재한다는 점
- 특권은 그것을 가진 사람에게는 보이지 않는다는 점
- 남성들은 이 특권의 수혜자였으며, 이는 역사를 통해 계속 강화되어 왔다는 점
- 남성들, 특히 백인 남성들에게는 인종과 젠더 문제가 종종 보이지 않으며, 이는 그들이 그것에 대해 생각할 필요가 없기 때문이라는 점; 따라서 성평등을 개선하기 위해서는 그들의 인식을 개선할 필요가 있다는 점
- 성평등이 남성에게도 유익하며, 특히 오늘날 남성들이 살고 싶어 하는 삶의 방식과 일치한다는 점

특권에 관한 메시지는 보통 사람들의 마음을 움직입니다. 특히 우리 모두 각기 다른 배경을 가지고 있고 서로 다른 어려움에 직면함에도 불구하고, 남성들은 이전에 미처 깨닫지 못했을 수도 있는 응당함에 대한 가정을 하고 있다는 사실이 그렇습니다. 간혹 남성들은 자신이 특권을 누리고 있다는 지적에 반감을 표하기도 합니다. 이는 종종 자신이 힘든 성장 과정을 겪었기 때문에, 다른 이들이 갖지 못한 특권을 자신이 누려왔다는 말 자체에 불쾌감을 느끼기 때문입니다. 저희는 이에 대한

권장 대응 방안을 이전 장에서 다루었습니다.

만약 남성 특권이라는 개념을 전달하기 어렵다면, 다른 제안이 있습니다. 영국 해군 대령 스티브 프레스트(Steve Prest, 트위터 @fightingsailor)는 포용적 리더십에 관한 자신의 블로그에서 '상대적 이점'이라는 용어를 사용합니다. 그는 또한 기울어진 바닥 위에서 하는 테이블 축구 게임에서 한 팀이 오르막으로 슛을 해야만 하는 상황이라는 비유를 효과적으로 사용합니다.[6]

편견과 행동

저희 워크숍의 상당 부분은 조직 내 여성들과의 논의를 통해 저희가 수집한 편견과 행동들을 함께 살펴보는 데 할애됩니다. 제1장에서 다루었던 5C 모델은 각 조직에서 여성들이 보고하는 문제들에 맞춰 조정될 수 있습니다. 저희 회사의 경우에는 문제들을 네 가지 주요 주제로 정리했으며, 워크숍에서는 '편견 탐구' 슬라이드 시리즈와 여성 동료들의 인용문을 활용하여 이를 제시합니다. 그 주제들은 다음과 같습니다:

- 여성은 해당 분야 전문가 또는 기술 전문가가 아니다.
- 여성은 자신의 경력에 전념하지 않는다.
- 여성은 행정 업무를 좋아한다.
- 여성으로서 승진하기가 더 쉽다.

저희는 참석자들이 인용문이 담긴 각 슬라이드를 읽을 시간을 몇 분

정도 드린 후, 다음과 같은 일련의 질문들로 대화를 유도합니다:

- 이 내용이 여러분의 경험과 공명하는 부분이 있습니까?
- 여러분의 팀에서 이런 일이 일어나는 것을 본 적이 있습니까?
- 만약 보셨다면, 어떻게 대처하셨습니까?
- 이러한 발생을 최소화하기 위해 우리가 활용할 수 있는 좋은 실천 방안에 대한 아이디어가 있으십니까?

그다음 저희는 행동으로 넘어가서, 유사한 접근 방식으로 다음과 같은 문제들을 다룹니다:

- 지나가는 여성을 보며 남성들이 (외모 등에 대해) 언급하는 행동
- 여성들이 대화에서 무시당하거나, 발언 기회를 잃거나(silenced), 소외된다고 느끼는 경험
- 여성들이 남성 동료들에 비해 팀으로부터 덜 열정적인 인사를 받는 경험
- 특정 집단을 배제하는 사교 행사, 특히 스포츠나 음주 중심의 행사
- 여성이 기능보다는 형식에 지나치게 집중한다고 암시하는 발언
- '정말 멍청한 짓을 했네(That was a blonde moment, 금발 여성은 멍청하다는 편견에서 유래한 말-옮긴이)' 같은 말을 통해 고정관념을 강화하는 것
- 남성들에게 "자, 아가씨들(Come on ladies)"이라는 말을 하거나, "남자답게 행동해야 해.(You need to man up)", "남자답게 받아들였어.(He took it like man)", "그 여자는 배짱을 더 키워야 해.(She needs to grow a pair, pair는 남성의 고환을 의미-옮긴이)"와 같은 표현 사용하기.
- 성인 여성을 미성숙함을 암시하며 '소녀(girl)'라고 지칭하는 행동
- 다른 사람의 말을 중간에 끊거나 가로채 말하는 행동

실용적인 팁

워크숍의 핵심적인 부분 중 하나는 몇 가지 실용적인 조언을 제공하는 것입니다. 단순히 문제를 이해하는 데 그쳐서는 안 되기 때문입니다. 저희는 남성들이 새로운 아이디어를 가지고 워크숍을 마치기를 바라고, 중요하게는 그들의 아이디어에도 항상 귀 기울일 준비가 되어 있습니다. 그리고 실제로 많은 아이디어를 들어왔습니다. 저희는 이러한 아이디어들을 다음 몇 개의 장에 걸쳐 정리해 두었습니다.

워크숍 마지막에는 저희가 논의했던 내용을 몇 분간 성찰하는 시간을 갖고, 그 후 참석자들에게 앞으로 다르게 실천할 한두 가지를 적어보도록 요청합니다.

성과 : 성공 사례

전체적으로, 4년이 넘는 기간 동안 약 10명에서 15명으로 구성된 저희 핵심 남성 동맹 그룹은 동료들이 직장에서의 행동 방식을 바꾸도록 설득하는 데 수천 시간을 쏟았습니다. 저희는 영국의 런던, 본머스, 글래스고; 인도의 뭄바이, 하이데라바드, 벵갈루루; 싱가포르와 부에노스아이레스; 그리고 미국의 뉴욕, 저지 시티, 브루클린, 휴스턴, 시카고, 댈러스, 탬파 등 여러 지역에서 2,000명이 넘는 리더십 직책의 남성들을 대상으로 이 워크숍을 진행했습니다. 저희는 그들이 단순히 여성 동료들만이 아니라 모든 사람을 위해 직장 문화를 개선하는 데 도움을 주기를 바랐습니다. 과연 그럴 만한 가치가 있었을까요? 저희는 성공했을까요? 만약 그렇다면, 그 성공을 어떻게 알 수 있을까요?

포용성 측정하기

워크숍 운영의 영향을 평가하는 가장 좋은 방법은 정기적으로 포용성을 측정하는 것입니다. 이를 통해 사무실, 팀 또는 부서 단위 워크숍 참석 횟수와 포용성 개선 사이에 상관관계가 있는지를 알 수 있습니다. 포용성 측정은 인력 구성 비율 측정만큼 간단하지 않으며, 조직 내에서 상대적으로 덜 중시되는 경우가 많습니다. 포용성은 직원들이 조직, 관리자, 승진 기회에 대해 어떻게 느끼는지를 묻는 질문과 더불어, 직원의 젠더, 인종, 소속 부서 위치, 조직 내 직급 등의 정보를 파악하는 질문을 포함한 익명 직원 설문조사를 통해 가장 잘 측정될 수 있습니다.

예를 들어, 더 포용적인 회의 운영 방법이나 우연한 편견을 목격했을 때 이를 지적하는 방법 등을 설명하며 새로운 행동을 실행한 후에는, 행동 변화를 측정하시기를 권장합니다. 태도의 변화는 종종 행동의 변화를 뒤따르기 때문입니다. 설문조사는 정기적으로(최소 연 1회) 실시해야 하며, 진행 상황을 평가할 수 있는 동일 조건 비교가 가능하도록 질문의 일관성을 최대한 유지해야 합니다. 직원 설문조사와 병행하여, 다양성과 포용성 행사 참석률이나 포용성 관련 교육 이수 정도와 같은 다른 지표들도 활용될 수 있습니다.

저희의 경우, 포용성이 충분히 자주 또는 일관되게 측정되지 않았기 때문에 이를 기준점으로 사용하기는 어려웠습니다. 그럼에도 불구하고 저희가 변화를 만들고 있는지를 알려주는 다른 지표들은 있었습니다.

우선 워크숍 자체부터 살펴보겠습니다.

워크숍 평가

저희 남성 동맹 워크숍의 명시된 목적은 다음과 같았습니다:

1. 직장 내 다양성과 포용성에 대한 인식과 이해를 증진하는 것.
2. 무의식적 및 의식적 편견, 그리고 포용성 부족이 회사 내 구성원들에게 영향을 미쳤던 실제 사례들에 대해 심도 깊게 논의하는 것.
3. 관리자들이 팀으로 돌아가 적용할 수 있는 구체적인 행동 방안과 모범 사례를 찾아내는 것.
4. 저희 네트워크의 신규 회원을 모집하고 지속적인 참여 약속을 확보하는 것.

참석자들의 피드백은 저희가 첫 두 가지 목표(인식/이해 증진, 실제 사례 논의)를 달성했음을 보여주었습니다. 대부분의 세션은 5점 만점에 평균 약 4.5점의 전반적인 만족도를 기록했습니다. 피드백에 따르면, 세션에서 가장 가치 있었던 부분은 문제를 일으키는 편견과 행동의 사례들이었습니다. 여기에는 워크숍 자료에 포함된 예시뿐만 아니라 발표자와 참석자들이 공유한 일화들도 포함됩니다. 참석자들은 이러한 사례들이 논의되는 문제들을 이해하는 데 유용했다고 답했습니다. 참석자들은 또한 세션의 상호작용적인 방식에도 만족감을 나타냈습니다.

세 번째 목표(구체적 행동 방안/모범 사례 발굴)와 관련해서는, 참석자들로부터 수많은 아이디어가 제시된 점이 특히 만족스러웠습니다.

다음 몇 개의 장에 걸쳐 저희는 실용적인 조언들을 살펴보겠습니다. 이 조언들 중 다수는 저희 워크숍 참석자들이 세션 중에 공유했거나 저희와 함께 만들어낸 아이디어들에서 비롯된 것입니다.

하지만 이러한 조사 결과들만으로는 문화적 변화가 일어나고 있다고 단정하기는 어려웠습니다. 네 번째 목표(신규 회원 모집 및 참여 약속 확보)와 관련해서는, 몇 가지 변화의 징후들이 있었습니다. 워크숍 참석자 거의 모두가 저희 메일링 리스트에 가입했고, 저희는 여성 다양성 행사나 정신 건강 인식 개선 세션에 더 많은 남성들이 참여하는 것을 보기 시작했습니다.

더 많은 남성들이 유연 근무나 동적 근무(dynamic working, 단순히 시간과 장소에 구애받지 않는 근무를 넘어 개인의 역량을 최대한 발휘하고 조직의 생산성을 높일 수 있는 새로운 근무 방식-옮긴이)의 롤 모델로서 앞장서고, '여성 역사의 달(women's history month)' 행사를 지지하거나, 모든 직원 자원 그룹(ERG) 간의 교류 네트워킹 세션에 참여하는 모습들을 목격했습니다. 저희는 또한 남성들이 저희 '다양성 대화' 시리즈의 일환으로 여성들과의 불편한 대화를 기꺼이 받아들이는 모습도 보았습니다. 이 시리즈는 남성과 여성이 함께 젠더 관련 아이디어들을 논의하도록 설계된 새로운 워크숍 세트입니다. 심지어 몇몇 남성들은 복습 세션을 원하거나 저희가 홍보하는 새로운 연구 결과나 조언이 있는지 알아보기 위해 저희 워크숍에 두 번 이상 참여하기도 했습니다. 여러 세션에 반복해서 참여하는 것은 이례적인 일이며, 저희는 다른 형태의 교육에서는 이러한 현상을 보지 못했습니다.

200명 이상의 참가자들과 워크숍을 진행한 후, 저희는 핵심 남성 동맹들과 저희가 지원했던 더 넓은 범위의 여성 그룹과 함께 회고 세션을 가졌습니다. 여성 그룹과의 초기 논의에서 수집했던 인용문, 편견, 행동들을 활용하여, 여전히 이러한 문제들이 목격되는지 혹은 상황이 개선되고 있다는 증거가 있다고 느끼는지 평가하기 위한 상호작용 세션을 진행했습니다. 이 세션에서 얻은 명확한 피드백은, 워크숍 참석률이 높은 팀에서는 이런 종류의 행동 사례들이 극적으로 감소했으며 관련 사례를 찾기가 훨씬 더 어려워졌다는 것이었습니다. 한두 가지 매우 미묘한 편견들이 관찰되기는 했지만, 대체로 모든 구성원이 상황이 상당히 긍정적으로 변화하고 있다고 느꼈습니다.

성공 사례

무엇보다도, 저희가 듣게 되는 개인적인 성공 사례들은 저희에게 가장 큰 만족감을 줍니다. 여기 몇 가지 사례를 공유하고자 합니다.

저희 동맹 여정을 시작한 지 약 6개월쯤 되었을 때, 저희 사무실 중 한 곳에서 다양성과 포용성 박람회가 열렸습니다. 남성 동맹 부스는 WIT 부스 바로 옆에 있었습니다. 저희가 지역 여성 네트워크 책임자 중 한 분과 이야기를 나누던 중, 그분이 갑자기 말을 멈추고 근처에 있던 한 남성을 가리키며 이렇게 말했습니다: '만약 저분을 당신들 워크숍에 참여시켜서 행동 방식을 바꿀 수만 있다면, 모든 사람에게 정말 큰 도움이 될 거예요.'

도전 수락! 그 여성분이 그 남성을 저희에게 데려왔으며, 저희는 남성 동맹 프로그램이 무엇인지 설명했습니다. 그는 여성 그룹과 기술 분야에 여성이 왜 그토록 적은지에 대해 자신의 꽤 확고한 의견을 설명했고, 저희는 워크숍 중 한 세션에서 이 대화를 계속 이어나가기로 합의했습니다.

몇 주 후, 그는 워크숍에 참석하여 자신의 생각을 더 자세히 이야기했습니다. 그는 자신이 '친여성적'이라고 설명하면서도, 기술 분야에서 성공하려면 여성들이 '더 강인해져야' 하고, 더 '맷집이 강해져야' 하며, 스스로를 방어할 필요가 있다고 말했습니다. 그는 여성들이 (환경에) 맞춰 자신의 행동을 바꿔야 한다고 생각했습니다. 몇 시간 뒤, 그는 저희에게 다가와 이렇게 말했습니다: '오늘 세션 감사합니다. 많은 생각을 하게 되었습니다. 아마도 제가 일을 진행하는 방식을 바꿔야 할 것 같습니다.' 그 후 그는 저희 프로그램의 강력한 옹호자가 되었습니다.

두 번째 이야기는 저희가 인도(India)에 있는 저희 회사 지사 중 한 곳을 방문했을 때의 일입니다. 저희는 그곳 인프라 엔지니어링 팀의 여성 그룹을 이끌던 한 여성분과 이야기를 나누었습니다. 이 그룹은 다른 기술 그룹들보다 여성 구성원 수가 훨씬 더 적었으며, 그녀는 이 문제를 해결하기를 간절히 바라고 있었습니다.

그 여성분은 1년 전 인프라 부서에서 근무하는 여성들에게 상황이 얼마나 어려웠는지 이야기했습니다. 그들은 종종 사교 행사에 포함되지 못했고, '다양성 구색 맞추기용 채용'이라며 조롱당했으며, 자신의 기술 역량을 보여줄 기회를 자주 얻지 못했습니다. 팀 내 여성들의 사기는 역대 최저 수준이었습니다. 저희 글로벌 남성 동맹 프로그램의 일환으로, 그 팀 구성원들은 인프라 팀만을 위한 지역 그룹을 만들기로 결정하고, 현지에 맞는 전략을 수립하여 실행에 옮겼습니다. 남성 동맹 그룹은 여성 그룹과 힘을 합쳐 일련의 사교 행사, 네트워킹 세션, 기술 학습 세션 등을 공동 기획하고 후원했습니다. 그 결과는 혁신적이었습니다.

1년이 지난 지금, 그녀는 마치 완전히 새로운 부서에서 일하는 것 같다고 했습니다. 이제 팀의 모든 여성들은 조직 활동에 적극적으로 참여하고, 자신의 의견이 경청되며 존중받는다고 느꼈습니다. 주변의 남성들 또한 훨씬 더 활기차고 적극적으로 참여하게 되었습니다. 그녀는 이 모든 변화가 남성 동맹들과 그들이 지원했던 여성 그룹 간의 협력 덕분이라고 생각했습니다.

마지막 이야기는 저희 워크숍 참석자 중 아마 가장 고위직이었을 한 남성에 관한 것입니다. 회사 내 여러 매니징 디렉터들이 저희 워크숍에 참석했지만, 그분만큼 직급이 높은 경우는 드물었습니다. 그의 직속 부하 직원 두어 명이 이전에 참석한 후 그에게 이 세션을 추천했다고 합니다. 저희가 그룹별로 돌아가며 주제에 대한 초기 견해를 물었을 때, 그 역시 자신의 이야기를 들려주었습니다.

그는 스스로를 항상 포용적이고 괜찮은 리더이며 다양한 의견을 존중한다고 여겨왔지만, 자신이 무언가 잘못하고 있음이 틀림없다는 것을 깨닫게 되었다고 말했습니다. 그의 현재 리더십 팀은 약 10명 중 여성이 단 한 명뿐이었는데, 그 여성마저 곧 다른 자리로 옮길 예정이었고(그 역시 적극적으로 지지한 인사였습니다), 이는 그의 리더십 팀이 남성만으로 구성될 것임을 의미했습니다. 그는 이렇게 말했습니다: '저는 변해야 합니다. 같은 방식만 고수해서는 같은 결과만 얻게 될 것입니다. 제가 오늘 여기에 온 이유는 무엇을 다르게 할 수 있을지에 대한 아이디어를 얻기 위해서입니다.'

약 2주 후, 그는 저희에게 전화를 걸어 워크숍이 얼마나 강력했는지, 배운 내용에 대해 얼마나 많이 성찰했는지 이야기하며, 더 다양한 팀을 만들기 위한 자신의 새로운 전략을 공유해 주었습니다. 영향력 있는 고위직 인사가 더 많은 여성을 자신의 팀으로 채용하고 승진시키기 위한 접근법을 개발했다는 것, 이것이 저희가 거둔 가장 큰 성공 사례 중 하나입니다.

모멘텀 얻기

저희는 영국(UK)에 있는 저희 회사 기술 부서를 위한 세션을 개발하는 것으로 이 프로그램을 시작했습니다. 수년에 걸쳐 저희는 여러 다른 장소에서도 문제와 주제가 유사하다는 것을 발견했습니다. 저희가 만든 자료는 미국(US), 인도(India), 중국(China)뿐만 아니라, 회사 내 운영 부문이나 투자 은행 부문과 같은 다른 사업 영역에서도 효과적이었습니다. 이는 다른 산업 분야에서도 잘 통했으며, 저희는 이 워크숍을 활용하여 다른 기업들이 그들만의 여정을 시작하도록 도왔습니다. 이러한 광범위한 적용 가능성과 관심이 저희가 이 책을 쓰기로 결심한 이유 중 하나입니다.

저희는 또한 워크숍을 개선하고 운영을 더 용이하게 하며 다양한 청중에게 지속적인 적합성을 보장하기 위해 워크숍을 끊임없이 발전시키는 것이 얼마나 중요한지 배웠습니다. 더욱이, 저희가 모든 해답을 가질 필요는 없다는 것도 알게 되었습니다. 왜냐하면 참가자들이 서로를 교육하며, 우연한 젠더 편견을 해결하기 위한 변화의 필요성을 다른 남성들에게 설득하는 데 있어 때로는 진행자보다 더 큰 영향력을 발휘하기 때문입니다.

워크숍 이후

워크숍에 참석한 후, 많은 남성들은 대화를 더 이어나가기를 원합니다. 저희가 생각해 낸 후속 아이디어 중 하나는 저희가 '다양성 대화'라고 부르는 세션을 마련하는 것이었습니다. 이 세션들에서는 남성과 여성으로 구성된 그룹이 남녀가 함께 일하는 방식에 관한 어려운 질문들, 즉 평소에는 너무 불편해서 묻거나 솔직하게 대화하기 어려웠을 법한 질문들에 대해 논의합니다. 예를 들면 다음과 같은 질문들입니다: '여성 직원과 남성 직원을 다르게 대하십니까? 그렇다면 어떻게 다릅니까?', '회사 내부에 소위 '오래된 남성만의 네트워크(Old Boy Network)'가 존재합니까?', '여성이 폐경기에 겪는 어려움은 무엇입니까?'

이러한 대화들은 종종 여러 행동 방안과 후속 조치들을 이끌어냈습니다. 단순히 대화를 나누는 것만으로도 회사 내 남성과 여성 간의 상호 이해를 증진시키는 중요한 역할을 했습니다. 연습을 통해 팀은 이러한 대화에 점점 더 능숙해졌고, 어려운 주제들을 더욱 개방적으로 논의하는 데 편안함을 느끼게 되었습니다.

포용적인 문화의 핵심은, 사람들이 어렵다고 여기는 대화를 나눌 수 있도록 필요한 안전함과 신뢰를 조성하는 능력에 있습니다. 이는 단순히 젠더, 인종, 성적 지향에 관한 대화뿐 아니라, 동료들과 논의하기 힘들어하는 그 어떤 주제라도 포함합니다. 예를 들어 장애, 정신 건강 문제, 또는 가까운 가족의 사망과 같이 삶에 큰 영향을 미치는 사건 이후 누군가의 안부를 묻는 대화 등이 될 수 있습니다. 저희의 '다양성 대화'는 사람들이 이러한 어려운 논의들을 안전한 환경에서 할 수 있도록 돕는 하나의 방식이었을 뿐입니다.

조직은 직원들에게 이러한 논의를 지속할 기회를 반드시 제공해야 합니다. 이를 위해서는 추가 자원을 제공하거나 포커스 그룹을 구성하는 것뿐만 아니라, 직원들이 이러한 학습에 참여할 시간을 내도록 관리자들이 독려하는 것 또한 필요합니다.

핵심 요약

잘 설계된 워크숍 프로그램을 남성들과 함께 운영하는 것은 직장 문화를 더 포용적으로 변화시키는 데 입증 가능한 효과가 있습니다. 이번 장에서는 이러한 프로그램을 왜, 그리고 어떻게 실행해야 하는지에 대한 실용적인 조언들을 제공했습니다. 포함된 내용은 다음과 같습니다:

- 왜 워크숍인가?
- 남성 전용 세션을 하는 기준
- 여성의 의견을 포함시키는 방법

- 내용에 관한 팁
- 성공 사례

이어지는 장에서는 저희가 워크숍에서 제공하는 실용적인 조언들을 자세히 살펴보겠습니다. 바로 다음 장에서는 개인이 미묘하고 우연한 편견의 부정적인 결과를 피하기 위해 자신의 행동을 어떻게 변화시킬 수 있는지 알아보겠습니다.

4장

편견을 넘어
포용적인 팀 만들기

이제 남성 동맹들의 지지를 확보했으니, 그들에게 무엇을 기대해야할까요? 여성과 소수 집단이 겪는 어려움에 대한 이해도가 높아졌다고해서 포용적인 조직 문화가 저절로 생겨나는 것은 아닙니다. 하지만우리 모두는 무언가 다르게 행동할 수 있습니다. 이번 장에서는 개인과팀이 함께 노력하여 직장 문화의 비생산적인 측면들에 도전하고, 개인의재능을 최대한 활용하며, 모든 구성원이 소속감을 느낄 수 있도록최선을 다하는 방법을 제안하고자 합니다.

여기에 제시된 실용적인 조언들은 남성 독자들만큼이나 여성독자들에게도 유효합니다. 누구나 우연히 성차별적인 행동을 할 수 있고,누구나 동맹으로서 행동할 수 있기 때문입니다.

변화 주체로서의 동맹

직장 문화를 만드는 것은 바로 사람들입니다. 단지 리더뿐만 아니라모든 구성원입니다. 특히 남성은 여기서 중요한 역할을 담당합니다. 이것이여성에게는 불공평하게 들릴 수도 있겠지만, 남성이 다른 남성들에게우연한 성차별적 행동과 이 함정을 피하는 방법에 관해 이야기하는것에는 분명한 힘이 있습니다. 이 힘은 세 가지 요소에서 비롯됩니다.

첫째, 현재 많은 직장에서 남성들이 더 많은 권력의 위치를 차지하고있다는 사실입니다. 둘째, 오랫동안 '여성들만의 문제'로 여겨져 왔던사안에 대해 남성에게서 듣는 것이 더 놀랍고, 따라서 더 큰 영향력을가질 수 있다는 점입니다. 셋째, 주류 집단의 구성원들이 행동에 나서는 모습이 많이 보일수록, 그 집단의 다른 구성원들도 동참할 가능성이 높아진다는 점입니다.

이때 올바른 균형/어조를 유지하는 것이 중요합니다. 조직 문화를 바꾸기 위해서는 리더들의 헌신적인 행동과 시스템 및 프로세스의 변화가 필요하며, 이는 이어지는 장들에서 더 논의하겠습니다. 그렇긴 하지만, 개개인이 만들어낼 수 있는 중요한 변화들 또한 존재합니다.

동맹은 눈에 보이는 변화의 주체여야 합니다. 변화는 젠더 문제를 가시화함으로써 추진될 수 있습니다. 비포용적인 행동과 태도를 찾아내고 그에 대해 목소리를 높이는 것이 중요합니다. 이번 장에서는 저희 워크숍에 참석했던 남성과 여성들이 제안한 모범 사례와 좋은 아이디어들을 바탕으로, 개인과 팀을 위한 실용적인 조언들을 제공하고자 합니다.

개인과 팀을 위한 조언

저희가 드리는 조언은 제1장에서 소개한 5C를 중심으로 구성됩니다. 저희는 어떤 행동을 지적해야 하는지, 어떻게 지적해야 하는지에 대한 조언을 제공하며, 중요하게는 이 장의 마지막 부분에서 당신이 우연한 성차별적 행동으로 지적받았을 경우 어떻게 말하고 행동해야 하는지에 대한 조언으로 마무리합니다.

저희의 조언은, 여성(다른 소수 집단의 구성원이기도 한 여성 포함)이 어려움을 겪을 때 동맹이 책임감을 갖고 개입해야 한다는 정신에 기반합니다. 동맹이 개입하는 것이, 당사자가 직접 다른 사람의 행동에 이의를 제기하거나 불만을 표하는 것보다 훨씬 효과적이며 감정 소모도 적습니다. 당신이 무언가를 지적하면, 다른 사람들에게도 목소리를 내는 것이 괜찮다는 인식을 강화하는 데 도움이 됩니다. 심지어 지적을 받은 당사자가 오히려 감사함을 느낄 수도 있습니다. 대부분의 사람들은 의도적으로 성차별적인 발언을 하지 않습니다. 종종 자신이 부적절한 말을 했다는 것을 깨닫더라도 어떻게 바로잡아야 할지 확신하지 못하는 경우가 많습니다. 따라서 그 자리에서 지적해 주는 것이 즉시 사과할 기회를 제공하는 셈입니다.

역량(Capability)

여성들이 자주 토로하는 불만 중 하나는 관리자나 동료들이 경력에 도움이 되는 업무 대신 회의록 작성, 송별 카드 및 선물 또는 사교 행사 준비와 같은 행정 업무를 으레 맡기거나 일반적으로 동료들에게 '도움이 되는' 역할을 기대한다는 점입니다. 이는 여성이 행정 업무와 관계 관리에 능숙하며 세부 사항에 꼼꼼하다는, 소위 '여성의 일'에 대한 고정관념적인 시각에서 비롯됩니다. 스티븐은 자신이 어떻게 젠더 고정관념에 사로잡혔었는지 그 경험 중 하나를 다음과 같이 이야기합니다:

'저는 때때로 투자 은행의 트레이딩 플로어에 가야 하는데, 그곳은 매우 넓어서 제가 찾는 사람이 어디에 앉아 있는지 모를 때가 많습니다. 예전에는 길을 물어볼 만한 여성분을 둘러보곤 했습니다. 당시에는 미처 생각하지 못했지만, 저는 그분들이 행정 보조 직원일 것이므로 저를 도와줄 수 있을 거라고 무의식적으로 가정했던 것입니다. 나중에야 행정 보조 직원들은 플로어 뒤편 사무실 가까이에 앉는다는 것을 알게 되었으며, 따라서 저는 아마도 여성 트레이더들을 방해하고 있었을 가능성이 높습니다. 또한 저처럼 생각 없는 사람이 회사에 몇 명만 더 있어도 플로어의 여성 트레이더들에게는 끊임없는 방해가 될 것이라는 점도 깨달았습니다. 이제 저는 아는 사람이나 다른 남성에게 물어봅니다.'

회사에서는 때때로 구성원들의 핵심 업무와 무관한 추가 프로젝트나 과제가 주어지곤 하는데, 종종 자원봉사자들이 정규 근무 시간 외에 이를 수행하는 경우가 있습니다. 저희는 관리자들이 팀 내 여성 구성원에게는 참여나 다양성 관련 활동을 맡기고, 남성 구성원에게는 혁신 프로젝트를 맡기는 경우를 너무나 자주 목격합니다.

여성들 또한 이러한 편향을 가지고 있습니다. 연구에 따르면, 여성들은 자신의 핵심 업무에 속하지 않거나 보상받을 가능성이 낮은 업무에 자원하는 경향이 남성보다 훨씬 더 높다고 합니다.' 아마 독자 여러분 중 많은 분들이 이러한 시나리오를 잘 알고 계실 것입니다. 매주 열리는 직원 회의에서 상사가 방금 최신 HR(인사) 관련 활동(예: 멘토링, 네트워킹, 채용 등)에 지원할 사람을 찾고 있다고 가정해 봅시다. 모두가 시선을 피하며 자신의 손만 내려다봅니다. 몇 초간의 어색한 침묵 끝에, 보통은 그 자리에 있던 여성 중 한 명이 자원하며 나서게 됩니다.

동일한 편견은 도전적인 과제나 기회를 배분할 때도 나타날 수 있습니다. 연구에 따르면 남성은 종종 잠재력을 기준으로 평가받는 반면, 여성은 그보다 자신의 역량을 증명하도록 요구받는 경우가 더 많다고 합니다.[2] 또한, 어떤 업무가 주어졌을 때 관리자가 더 잘 안다고 느끼는 사람이 먼저 떠오르기 마련입니다. 이는 승진 시 '실력/자격' 평가에 고려되는 도전적이고 명망 있는 프로젝트들이 남성 및/또는 관리자의 소위 '측근(clique)'에게 돌아갈 가능성이 더 높다는 것을 의미합니다.

관리자들에게 드리는 저희의 조언은, 특정 업무에 남성 또는 여성을 선택하는 이유에 대해 잠시 멈춰 생각해 보고 고정관념에서 벗어나라는 것입니다. 교육 기회 제공, 콘퍼런스 참석 및 출장 지원, 또는 위원회나 도전적인 활동 등 팀 개발에 도움이 되는 다른 일들에 사람을 지명할 때도 동일한 원칙을 적용해야 합니다. 이러한 기회를 제공하는 대상자들의 다양성을 고려하십시오. 특히 더 기술적인 업무일수록 더욱 그렇습니다. 더 좋은 방법은, 각 유형의 업무나 학습 기회가 발생할 때마다 누가 그것을 받는지 기록하여, 구성원들이 기술을 개발하거나 보여줄 수 있는 업무를 배분할 때 더 공평하도록 관리하는 것입니다. 또는 전문 서비스직과 같이 프로젝트 기반 업무 환경에서는 업무 배분 관리자를 고용하는 것도 좋은 방법입니다.

제약(Constraint)

이중 잣대

제1장에서 저희는 우연한 편견이 여성이 이중 잣대에 따라 평가받는 결과로 이어진다는 증거를 제시했습니다. 예를 들어, 여성, 특히 흑인 여성에게는 공격적이라고 딱지 붙여지는 행동이, 남성이 보일 경우에는 열정적이거나, 단호하거나, 혹은 야망이 있는 것으로 묘사될 가능성이 더 높습니다.[3]

이에 대한 유명한 사례로는, 테니스 챔피언 세레나 윌리엄스가 US 오픈 경기 중 한 심판이 남성 선수들보다 자신에게 더 엄격하게 규칙을 적용하여 게임 감점까지 시키며 가혹하게 대했다고 주장했을 때 언론이 보인 부정적인 반응을 들 수 있습니다. 윌리엄스의 이러한 주장은 남녀 테니스 투어 선수들과 일부 테니스 고위 관계자들의 지지를 받았습니다.[4]

학계 연구자들은 남성 및 여성 직원에 대한 서면 및 구두 평가에 사용되는 언어를 연구해 왔으며, 그 결과 사용되는 언어가 다르고, 남성을 묘사하는 데 사용된 단어들이 리더십과 관련된 자질들과 더 밀접하게 부합한다는 사실을 발견했습니다.[5, 6, 7]

여성을 묘사할 때	남성을 묘사할 때
좋은 팀 플레이어	떠오르는 신예
성실한	숙련된
세심한	일을 해내는
도움이 되는	카리스마가 있는
쾌활한	야심있는
감정적인	정열적인
까다로운	개성이 강한
공격적인	적극적인

이러한 사실을 알게 되면, 특히 남성으로서 당신은 특정 단어들이 어떻게 남성에게는 유리하게, 여성에게는 불리하게 해석될 수 있는지 설명할 수 있습니다. 예를 들어, '그녀는 적절하게 자기 주장이

강합니다.'와 같이 신중하게 표현함으로써 오해를 피할 수 있습니다. 다른 남성들에게 '만약 남성을 묘사했다면 같은 단어들을 사용했을까?'라고 질문하며 이의를 제기할 수도 있습니다. 서면 평가들을 나란히 놓고 비교하며 눈에 띄는 젠더 편견에 대해 문제를 제기할 수 있습니다.

이것이 중요한 이유는, 모든 평가 하나하나가 소위 '실력/자격'에 따라 승진할 최적의 인물을 결정하는 데 기여하기 때문입니다.

온정적 성차별

다시 상기시켜 드리자면, 온정적 성차별이란 여성의 업무량, 해외 파견 가능성, 육아 휴직 복귀 후 역할 변경, 또는 그녀가 어려워할 만한 고객 등과 관련하여, 당사자인 여성에게 직접 묻지 않고 선의로 결정을 내리는 것을 말합니다.

다음은 저희 워크숍에서 나왔던 몇 가지 사례입니다. 이러한 사례들은 대개 (항상 그런 것은 아니지만) 자녀가 있는 여성은 개인 생활과 직장 생활의 균형을 원할 것이라는 가정과 관련이 있습니다.

첫 번째 사례는, 중요하고 규모가 큰 프로그램을 담당하던 한 여성 개발자가 출시 직전 테스트 단계에서 심각한 문제에 부딪혔을 때의 경험입니다. 팀장은 모든 것을 정상 궤도로 되돌릴 유일한 방법은 팀 전체가 주말에 몇 번 근무하여 따라잡는 것이라고 결정했습니다. 하지만 팀 전체는 아니었습니다. 관리자는 팀 내 유일한 여성 개발자가 개인적인 사정이 있을 것이라고 단정하고, 그녀를 주말 근무에 참여하도록 요청하지 않았습니다. 그녀는 첫 주말 근무가 끝난 후 한 팀원이 '주말에 어디

갔었냐'고 물었을 때 비로소 그 사실을 알게 되었습니다. 실제로 그녀에게 개인적인 약속이 있었을 수도 있습니다(다른 남성 팀원들도 마찬가지였을 수 있습니다). 하지만 참여 의사를 물어보지도 않았다는 것은 그 여성이 팀의 완전한 일원이라고 느끼기 어렵게 만들었을 것입니다.

또 다른 사례는, 한 시니어 관리자가 뭄바이(Mumbai)에 새로 구성된 기술 지원팀을 이끌 영국(UK) 내 인력을 찾던 경우입니다. 그는 자신의 팀 내 여성 리더에게 해당 직책에 적합한 사람이 혹시 떠오르는지 물었습니다. 그녀가 '저는 어떤가요?'라고 되묻자, 그는 '가정에 어린 자녀가 있어서 가고 싶어 하지 않을 줄 알았습니다'라고 답했습니다.

긴 대화 끝에, 이 여성은 결국 인도(India)로 가서 그녀의 경력에서 가장 즐겁고 최고의 배움을 얻은 경험 중 하나를 하게 되었습니다. 하지만 만약 그녀가 관리자의 잘못된 가정을 지적하지 않았다면, 이 기회는 쉽게 사라졌을 수도 있습니다.

관리자들은 여성에게 그들의 단기 및 장기적인 포부가 무엇인지, 그리고 해당 기회가 지금 시기적절한지를 직접 물어봄으로써 이러한 상황들을 피할 수 있습니다. 때때로 남성 관리자들은 '선을 넘는' 것을 원치 않아 직원들의 개인적인 상황에 대해 묻기를 주저하기도 합니다. 분명 이러한 접근은 민감하게 이루어져야 하며, 몇 가지 개방형 질문이 필요할 수도 있습니다. 맥락에 맞지 않는 사적인 질문은 확실히 피해야 합니다.

시간을 두고 관리자는 모든 직원들과 신뢰를 구축하고, 그들의 개인적인 사정과 실제 경험을 알아가야 합니다. 그래야 직원들의 업무

외적인 삶에 대해 편안하게 질문할 수 있게 됩니다. 팀 구성원들을 더 잘 이해할수록, 그들의 업무 만족도를 훨씬 더 높여줄 수 있는 적절한 기회, 적절한 성장/개발 방안, 그리고 적절한 동기부여 요인을 더 잘 파악할 가능성이 높아집니다.

코로나19(Covid-19) 팬데믹의 결과 중 하나는 관리자들이 직원들의 개인적인 상황을 훨씬 더 잘 알게 되었다는 점입니다. 널리 알려졌듯이, 사람들은 서로 동료의 가족, 반려동물, 집안 모습을 보게 되었고, 이는 일의 세계를 좀 더 인간적으로 만들었습니다. 이는 결코 나쁜 일일 수 없습니다.

관계(Connections)

동료들과의 강력한 네트워크와 친밀한 관계의 중요성을 과소평가해서는 안 됩니다. 이러한 관계는 우리가 조직에 '잘 맞는다는' 느낌을 주고, 진행 상황을 놓치지 않게 하며, 업무 관련 문제나 관계에 대해 논의할 수 있게 해줍니다. 네트워크는 또한 당신을 격려하는 멘토와 당신이 없는 자리에서도 당신의 경력 발전을 적극적으로 지지해 주는 후원자를 제공합니다. 하지만 포용성과 소속감과 관련하여 사회적 관계와 네트워크가 언급되는 경우는 드뭅니다. 저희는 이 점을 바로잡고자 합니다.

비공식적 사교 네트워킹

저희가 가진 편견 때문에 직장 내 사교적 상황(social situations, 회식, 파티, 차담, 팀빌딩 워크숍처럼 개인적으로 친해질 수 있는 상황-옮긴이)에서 동료들에게 다르게 반응할 수 있습니다. 한 흥미로운 연구 결과에 따르면, '소수 집단은 근무 시간 동안 편견을 가진 관리자들과 상호작용하는 빈도가 더 낮았다'고 합니다. 이는 관리자들이 그들에게 충분한 주의를 기울이지 않았음을 시사합니다. 이 연구는 특정 집단에 대해 내재된 편견을 가진 사람은 해당 집단 구성원에게 말을 덜 걸고, 말을 걸 때 더 주저하며, 덜 우호적인 태도를 보인다는 점을 발견했습니다. 그 결과 그들을 관리하는 데 쓰는 시간이 줄어들고, 결국 직원 생산성 저하로 이어졌습니다.[8]

저희가 여성 동료들에게서 받은 피드백에 따르면, 일부 관리자들의 경우 이러한 주저함이 여성과의 상호작용에서도 마찬가지로 나타나는 것으로 보입니다. 저희와 대화했던 여성들은 무시당하거나('그에게 말을 걸러 가면, 마치 그의 뒤통수에 대고 이야기하는 기분이에요'), 대화에서 소외되거나, 발언 기회를 잃거나, 혹은 남성 동료들과 같은 수준의 열정적인 환영을 받지 못한다고 느꼈습니다.

저희는 이것이 까다로운 문제임을 인지하고 있습니다. 일부 남성들(여성들도 마찬가지입니다)에게는 사교적인 대화가 어렵고, 잘 아는 사람들과 나누는 안전한 대화라는 안락 지대로 쉽게 물러서는 경향이 있습니다. 하지만 만약 당신이 매주 월요일 아침 사무실에서 늘 같은 남성 동료에게 다가가 주말 축구 경기 결과에 대해 똑같은 대화만 반복하고 있다면, 무언가 변화가 필요합니다.

여성들 역시 주로 다른 여성들과만 이야기하며 자신의 관계망을 제한할 수 있습니다. 이에 대해 질(Jill)은 깊이 생각해 본 뒤 다음과 같이 말했습니다:

'직장에서의 성평등에 대해 이야기하기 위해 콘퍼런스나 새로운 장소에 초대받을 때마다, 저는 늘 커피를 들고 여성이나 여성 그룹에게 다가가 자기소개를 하곤 했습니다. 아마 그게 그냥 더 편안하게 느껴졌던 것 같습니다. 잘 모르는 사람이 많은 사교 행사에서도 마찬가지였습니다. 이제는 남성들에게도 더 많이 다가가 자기소개를 합니다.'

잘 모르는 사람과 대화를 시작하려면 약간의 용기가 필요합니다. 하지만 그 사람에 대해 조금 더 알게 되면, 다음번에는 훨씬 더 쉽게 그 사람을 대화에 포함시킬 수 있습니다. 동맹은 특히 사교적인 상황에서 다른 사람들을 포용할 기회를 끊임없이 찾아야 합니다. 팀을 관리하는 동맹은 팀 내부에 형성된 소위 '인 그룹(in-group)'과 '아웃 그룹(out-group)'을 잘 살피고, 가능하다면 팀 전체를 하나로 통합하기 위해 노력해야 합니다. 다양성 관련 행사에 참석하고 성별 포용에 대해 더 많이 배우면, 다른 젠더의 사람들과 대화하는 것이 더 쉽고 편안하게 느껴질 것입니다.

우리 중 많은 사람들은 네트워킹을 어려워하며, 의도적으로 다른 사람들을 배제하지는 않습니다. 하지만 자신과 더 비슷해 보이는 사람들에게 끌리는 우리의 경향성에 주의를 기울이지 않을 때, 의도치 않은 배제가 발생할 수 있습니다. 이러한 문제들을 해결하는 것이 종종 자연스럽게 이루어지지는 않지만, 저희 워크숍 참가자들이 제안한 몇 가지 아이디어들이 있습니다. 이 아이디어들은 팀 관리자들에게 적용될 수 있을 뿐만 아니라, 그중 상당수는 개별 동맹들도 실천할 수 있는 것들입니다:

- **호스트 역할 부여:** 모든 팀에는 새로운 사람들을 만나는 데 능숙한 구성원이 있습니다. 그들을 '호스트'로 지정하여, 평소 함께 일하지 않거나 전혀 모르는 사람들과 다른 구성원들이 어울릴 수 있도록 돕게 하십시오. 고객과의 만찬, 크리스마스 파티, 조찬 브리핑 등 어떤 자리에서든 가능합니다.
- **'틀을 깨는' 회의:** 문제 해결이나 아이디어 구상 세션과 같은 회의에 팀 외부 인사를 초대하여 새로운 사람들을 만날 기회를 만드십시오.
- **커피챗 :** 모든 구성원에게 직장에서 더 많은 사람들을 알아갈 '기회 혹은 허락'을 주십시오. 예를 들어, 일주일에 하루는 잘 모르는 사람 - 가급적 다른 젠더 - 에게 커피를 함께 하자고 제안하도록 권장하는 것입니다. 또는 다른 팀 구성원들과 짝을 지어 점심 식사를 하는 '점심 룰렛'을 해볼 수도 있습니다. 다른 지역에 근무하는 팀원들을 위해서는 가상의 교류 세션을 장려하십시오.
- **점심 또는 아침 식사:** 사람들이 함께 식사하며 어울릴 수 있는 사교 공간을 만드십시오.
- **10주 안에 10명 만나기:** 신규 팀원들에게 입사 첫 10주 동안 모르는 동료 10명과 커피를 마시는 과제를 부여하십시오.
- **늘 보던 사람 말고:** 사업 개발 회의, 콘퍼런스 또는 고객 행사에 평소와 다른 사람(가급적 더 주니어 직원)을 동반하고, 그 자리에서 그들의 역할이 무엇인지 명확히 해주십시오.

직장 내 사교 행사

비포용적인 직장 관행은 직장 밖 사교 행사로까지 이어질 수 있습니다. 만약 관리자가 생각하는 팀 빌딩 활동이 금요일 저녁 펍에서의 술자리라면, 팀 내 누군가는 배제될 가능성이 높습니다. 마찬가지로 축구, 골프 또는 다른 스포츠 활동을 중심으로 기획된 사교 행사는 젠더에 관계없이 모든 구성원에게 환영받기 어렵습니다.

많은 여성 스포츠 팬들은, 남성들보다 여성이 스포츠에 관심이 덜할 것이라는 가정 때문에 프로 스포츠 경기 관람에 초대받지 못하는 경우가 많다고 불평합니다. 또한 데이터에 따르면 남성보다 여성이 이러한 스포츠에 참여하는 비율이 낮기 때문에, 여성들이 동료들과 함께 스포츠(예: 5인제 축구, 골프, 단체 사이클링 등)를 즐길 기회도 더 적습니다. 설령 여성들이 직접 운동을 하거나 자전거를 타더라도, 젠더 혼성팀에서 활동하는 경우는 드물며, 남성 동료들로부터 함께 하자는 초대를 거의 받지 못한다는 보고를 저희는 많이 접했습니다. 이는 여성들이 조직 내 다른 팀 사람들이나 더 높은 직급의 동료들을 알아갈 기회를 더 적게 갖게 됨을 의미합니다.

그렇다고 해서 스포츠나 식사, 음주를 중심으로 기획된 행사를 열지 말아야 한다는 의미는 아닙니다. 이러한 유형의 행사는 팀 발전에 중요한 역할을 할 수 있습니다. 하지만 항상 그런 종류의 행사만 열어서는 안 되며, 팀 전체가 즐길 수 있는 유일한 행사가 되어서도 안 됩니다. 다양성이 핵심입니다.

저희는 다양한 구성원으로 이루어진 행사 준비 위원회를 만들어 여러 다른 유형의 사교 및/또는 네트워킹 행사를 운영하시기를 제안합니다. 유연 근무에 대한 요구가 증가함에 따라, 이러한 행사들이 항상 같은 시간대에만 열리지 않도록 하는 것이 중요합니다. 저녁 시간 외에도 점심시간이나 심지어 아침 시간대 세션도 고려해 보십시오.

이렇게 하면, 모든 사람이 모든 행사에 참여할 수는 없더라도, 각자 일부 행사에는 참여할 수 있게 될 것입니다. 그리고 바라건대, 어쩌면 이직을 고려하고 있었을지도 모르는 몇몇 여성들이 회사에 남고 싶다는 마음을 갖게 될 수도 있습니다. 심지어 월요일 아침의 그 어색한 사교적 대화를 피할 수 있는 몇 가지 대화 시작 기술을 얻게 될지도 모릅니다.

공로 인정/신뢰(Credit)

히피팅(He-peating)

연구에 따르면, 회의에서 여성의 아이디어가 무시되었다가 나중에 남성에 의해 다시 제기되었을 때 비로소 인정받는 현상이 흔하게 발생하며, 이를 '히피팅'이라고 부릅니다.[9] 이런 일이 발생하면, 회의 주재자가 이를 포착하여 아이디어를 처음 제안했던 여성에게 그 공로를 돌려주는 것이 중요합니다. 동맹 역시 회의 주재자가 아이디어 창안자의 공로가 인정되지 않은 것을 알아채지 못했을 때, 혹은 주재자가 없는 비공식 회의에서 개입할 준비가 되어 있어야 합니다.

이러한 상황을 목격했을 때 활용할 수 있는 몇 가지 표현 예시는 다음과 같습니다:

- '리즈의 의견 [의견을 그대로 반복]은 타당합니다. 왜냐하면…'
- '고맙습니다, 데이비드. 그 의견은 사미라가 이전에 말했던 내용에 기반한 것이군요. 사미라, 더 말씀해주시겠어요?'
- '데이비드, 앞서 사미라가 제시했던 좋은 의견을 다시 상기시켜 주셔서 감사합니다.'

누군가의 요점이 잘못 이해된 것 같을 때는 다음과 같이 시도해

보십시오:

- '엘라의 요점에 대해 제가 이해한 바는…'
- '엘라의 요점에 대해 우리가 서로 다른 견해를 가진 것 같습니다. 제 생각은…'

저희는 도움을 드리기 위해 구체적인 표현들을 제안하지만, 각자 자신의 스타일에 맞는 표현을 찾으시기를 기대합니다.

회의 주재자 또는 동맹 역할을 하는 개인은 회의에서 상대적으로 발언이 적은 팀 구성원들의 의견을 구하는 노력을 기울여야 합니다. 하지만 어떤 사람들은 그룹 환경에서 의견을 말하는 것을 불편해하거나, 견해를 형성하기 전에 논의된 내용에 대해 성찰할 시간이 필요할 수 있다는 점을 인지해야 합니다. 이런 경우에는 회의 후에 그 사람들과 개별적으로 후속 대화를 하여 자신의 생각을 공유할 기회를 주는 것이 좋습니다.

일반적으로 서로의 업무나 아이디어에 대한 공로를 인정하고 칭찬하는 것은 매우 좋은 습관입니다. 모든 사람은 긍정적인 피드백을 듣기 좋아하기 때문입니다.

소통(Communication)

여성의 목소리 듣기 (Hear her)
연구에 따르면, 여성은 남성보다 훨씬 더 자주 발언을 방해받으며 자신의 목소리를 내는 데 어려움을 겪는다고 합니다.[10, 11] 저희는 또한 여성이 회의를 주재하고 있음에도 남성이 끼어들어 진행을 맡아버리는 사례들도 들어왔습니다.

회의를 주재하는 사람, 특히 팀 회의를 주재하는 관리자가 취해야 할 첫 번째 단계는 누가 이야기하고 누가 조용히 있는지를 관찰하는 것입니다. 발언 중단을 주의 깊게 살피고, 만약 발생하면 원래 발언자를 부드럽게 대화로 다시 이끌어야 합니다. 다음과 같이 말하는 방식으로 이를 실천할 수 있습니다:

• '잠시 말씀을 끊어도 될까요? 그 점에 대해서는 나중에 다시 여쭤보겠습니다. 마흐무드 씨, 계속 말씀해주십시오…'

당신이 회의 주재자가 아닐 경우, 유용한 전략은 동료와 한 팀이 되어 회의 중에 서로를 지지해주는 것입니다. 많은 사람들에게 있어, 자신의 발언을 가로막은 사람을 직접 지적하는 것보다 동료를 대신해 개입하는 것이 훨씬 더 편안합니다. 물론, 만약 스스로 이렇게 하는 것이 충분히 편안하다면, 직접 하셔도 좋습니다. 카멀라 해리스 미국 부통령은 2020년 선거 운동 기간 동안 손을 들고 '제가 발언 중입니다.'라고 말하며 자신을 방해하려는 시도를 능숙하게 막아냈습니다.

그 외에 활용할 수 있는 다른 표현들의 예시는 다음과 같습니다:

• '앤드루, 제 말이 아직 다 끝나지 않았습니다.'
• '제가 말을 마칠 때까지 잠시만 그 생각을 접어두시겠습니까?'

동료를 대신해서는 다음과 같이 말해볼 수 있습니다:

- '젠, 아직 하실 말씀이 더 남은 것 같습니다. 계속 말씀해 주십시오.'
- '이 분야는 젠의 담당 영역/프로젝트입니다. 젠, 더 하실 말씀이 있으신가요?'

우리 모두 다른 사람의 말을 가로채지 않도록 주의해야 합니다. 설령 동의하지 않더라도 상대방이 자신의 요점을 끝까지 말하도록 해야 합니다. 하지만 발언 기회를 주는 것과 특정인이 대화를 지배하도록 두는 것 사이에서는 균형을 잡을 필요가 있습니다.

회의를 주도하는 사람들에게는 다음과 같이 말하며 대처할 수 있습니다:

- '그러니까 말씀하신 주요 요점은 [요점 요약]이라는 것이지요, 맞습니까?'
- '주요 요점을 요약해 주시겠습니까?'
- '데이비드와 피오나의 의견은 잘 들었습니다. 다른 분들은 X에 대해 어떻게 생각하십니까?'

심각한 스트레스 상황(예: 위기 대응 회의)에서는, 좋은 관리자라면 다양한 구성원의 의견을 구해야 함에도 불구하고 여성의 목소리가 묻힐 가능성이 훨씬 더 큽니다. 스티븐은 한 여성 지원 엔지니어와 나누었던 대화를 기억합니다: '그녀는 운영 중인 시스템의 기술적 문제와 관련된 전화 회의에 참여하고 있었습니다. 그녀는 문제가 발생한 기술에 대해, 전원 남성이었던 나머지 그룹 구성원들보다 더 잘 알고 있었습니다. 그녀는 무엇이 문제인지 반복해서 설명했지만, 아무도 귀 기울여 듣지 않았습니다. 결국 그녀는 전화를 끊고 동료에게 이렇게 말했다고 합니다: '결국 내가 옳았다는 걸 깨닫고 도움이 필요해지면 나에게 다시 전화하겠지.'

우연한 젠더 편견의 상당 부분은 서툰 의사소통과 관련이 있습니다. 우리 모두가 너무 많이 참여하고 있는 회의는 서툰 의사소통이 발생하는 주요 장이 됩니다. 따라서 효과적인 회의 주재 방법에 대한 교육을 요청하거나, 제공할 수 있는 위치에 있다면 교육을 제공하고, 모든 구성원이 이 중요한 영역에서 기술을 향상시킬 수 있도록 회의 또는 개별 안건에 따라 주재자 역할을 순환시키십시오.

언어 장벽

남성들과 포용적인 행동에 관해 이야기할 때 흔히 나누게 되는 대화 주제 중 하나는 언어 사용에 관한 것입니다. 여성들과의 대화를 통해 저희는 아래에 제시된 것과 같은 표현들을 지속적으로 듣는 것이 여성들의 소속감 부족을 더욱 심화시킬 수 있다는 점을 알게 되었습니다. 이 주제는 논쟁을 불러일으키며, 저희가 제시한 몇몇 예시들은 맥락에 따라 다르게 해석될 여지가 있다는 점은 분명합니다. 하지만 오해의 소지가 없을 것이라고 확신하지 않는 한, 이러한 표현들은 아예 사용하지 않는 것이 더 안전할 것입니다.

비포용적인 언어의 예시는 다음과 같습니다:

- '정말 멍청한 짓을 했네(That was a blonde moment).'
- '잔소리 그만 해.(Stop nagging)'는 잘 알려진 고정관념을 이용하는 표현이다.(여러

문화권에서 남성보다 여성이 잔소리를 많이 한다는 고정관념이 존재한다-옮긴이) 원치 않는 조언이나 제안을 받고 있다고 느끼는 경우 이를 표현할 수 있는 다른 방법도 많다.

- 특히 남성들에게 '자, 아가씨들'이라고 말하는 것은 여성들이 시간 약속을 잘 지키지 않거나 긴박함을 보이지 않는다는 암시가 된다.
- '그녀는 남자답게 행동해야 해.', '그녀는 남자답게 받아들였어.', '그 여자는 배짱을 더 키워야 해.'와 같은 표현은 여성이 성공하기 위해서는 남성처럼 행동해야 한다거나, 남성이 여성보다 역경에 더 강인하다는 의미를 내포한다.
- 여성을 '소녀들'(미성숙함을 암시) 또는 '숙녀들'이라 지칭하는 것도 (같은 상황에서 남성을 '신사들'이라고 부르지 않는다) 적절하지 않다.

네, 저희도 여성들 역시 이러한 표현들을 사용한다는 것을 알고 있습니다. 그렇다고 해서 그것이 옳다는 의미는 아닙니다. 저희의 권고는, 적절한 경우 '여성(woman/women)' 또는 '여성의(female)'라는 단어를 사용하자는 것입니다. 저희가 한 대규모 콘퍼런스에서 이 점을 지적했을 때, 한 CEO는 '숙녀분들(ladies)'이라는 단어를 더 이상 사용할 수 없다는 생각에 격분을 표했습니다. 앞서 언급했듯이 맥락이 중요합니다. 적절한 상황에서 '신사 숙녀 여러분'이라는 표현을 사용하는 것에는 문제가 없습니다. 하지만 '신사들'이라고 말하지 않을 상황이라면 '숙녀분들'이라고도 말하지 말아야 합니다.

저희는 또한 성별 한정어 사용을 피하시기를 제안합니다. 예를 들어 '여성 개발자', '여성 언론인', '여성 의사'와 같은 표현들입니다. 거의 모든 경우에 '여성'이라는 한정어는 불필요하며 오히려 해당 여성의 역할을 축소시키는 역할을 할 뿐입니다.

여기서 저희가 가장 강조하고 싶은 메시지는 언어 사용에 신중하게 접근해야 한다는 것입니다. 문제적인 언어 사용을 인지하고 다른 단어를 사용하는 습관을 들임으로써, 당신은 실질적인 변화를 만들 수 있습니다. 다시 한번 말씀드리지만, 이를 어떻게, 언제 실행할지는 팀 내에서의 당신의 지위, 관련된 사람들과 얼마나 잘 아는지, 그리고 당신의 개인적인 스타일에 달려 있습니다. 가장 고위직에 있는 사람들이 공개적으로, 그리고 그 순간에 즉시 이렇게 하는 것이 더 쉽고 효과적입니다. 팀 구성원들을 잘 알고 편안하게 느끼는 개인들도 마찬가지로 할 수 있습니다. 하지만 동맹으로서 행동하는 많은 개인들은 회의가 끝난 후 일대일로 이러한 대화를 나누는 것이 더 안전하다고 느낄 수도 있습니다.

부적절한 농담(말장난) 주의

여성 동료의 주의를 끌기 위해 좀 지나치게 애쓰는 남성, 부적절한 대화를 나누는 남성, 혹은 더 심하게는 여성이 지나갈 때 빤히 쳐다보거나 외모 등에 대해 언급하는 남성이 있는지 주의 깊게 살펴볼 필요가 있습니다. 마찬가지로, 팀 내 특정 여성에게 과도하게 접촉하려 하거나 노골적으로 외모를 훑어보는 남성들이 있을 수도 있습니다. 저희 경험상, 남성 중심 환경에서는 이러한 문제들이 대부분 남성이 원치 않는 관심을 보이는 데서 시작됩니다. 하지만 직급이 낮은 남성들 역시, 직급이 높은 여성 상사가 농담조로라도 추파를 던지거나 외모 또는 옷차림에 대해 언급하여 불편함을 느꼈다고 보고한 바 있습니다.

어려울 수 있겠지만, 바로 이럴 때 고위직에 있는 사람들이 나서야 합니다. 저희의 조언은, 우선 문제 발언/행동의 대상이 된 사람에게 먼저 확인하고, 이 문제를 해결하고 싶다는 의사를 밝힌 뒤, 가해 당사자나 그의 관리자, 또는 HR(인사팀)에 개입해도 될지 허락을 구하라는 것입니다. 이는 문제가 발생한 후에 사후적으로 처리하는 것을 의미합니다. 물론 시니어 관리자나 팀 리더, 또는 팀 동료가 그 순간에 즉시 개입하는 것이 안전하다고 판단되는 경우도 있을 것입니다. 연구를 통해 얻은 한 가지 유용한 교훈은, 당신이 개입할 경우 팀 내 다른 남성들이 당신 생각보다 더 적극적으로 지지할 가능성이 높다는 점입니다.[12]

'그저 악의 없는 농담일 뿐이다'라는 그 끔찍한 변명을 받아들이지 마십시오. 행동은 맥락과 사람들 사이의 신뢰 수준에 따라 다르게 해석될 수 있지만, 가장 중요한 것은 관련된 당사자들이 이러한 사교적 상호작용을 어떻게 인식하느냐입니다. 만약 팀 내 누군가가 불편함을 느낀다면, 그 행동은 반드시 멈춰야 합니다.

모든 회사는 성희롱, 직장 내 괴롭힘 또는 더 심각한 문제들을 다루기 위한 정책과 절차를 갖추어야 합니다. 그렇다 하더라도, 불만을 제기하는 당사자가 항상 HR(인사팀)이나 직속 관리자에게 고충을 제기하는, 소위 '최후의 수단'을 택하기를 원하는 것은 아닙니다. 몇몇 조직들은 중간적인 대안을 제공합니다. 훈련받은 조력자들은 무슨 일이 일어나고 있는지, 그리고 그것에 대해 어떻게 느끼는지 당신 스스로 확신이 서지 않을 때조차도 당신의 이야기를 경청하고 문제에 대해 충분히 터놓고 이야기하도록 도울 수 있습니다. 조력자들은 또한 당신이 취할 수 있는 조치 과정들에 대해 설명해 줄 수도 있습니다. 한 예로 로펌 클리포드 챈스(Clifford Chance)에서 시작된 '포용성 옹호자 프로그램'이

있습니다.[13]

저희는 동맹 네트워크를 만드는 것 또한 사람들이 우려 사항을 제기할 수 있는 대안적인 경로를 제공한다는 것을 알게 되었습니다. 고위직 동맹들이 공감해 주는 경청자이자 조언을 구할 수 있는 사람으로 여겨졌기 때문입니다.

문제 행동 지적하기

이제 우연한 성차별에 대해 더 잘 알게 되었으니, 미묘한 경우를 포함하여 성차별적인 행동을 지적하는 방법에 관한 몇 가지 조언을 드리고자 합니다. 여기에 제시된 예시들은 우연한 성차별을 목격하거나 직접 경험한 남성 또는 여성 모두 활용할 수 있습니다. 모든 젠더가 우연히 성차별적인 방식으로 행동할 수 있으며, 성차별을 경험하는 당사자 입장에서는 동맹이 자신을 대신해 개입해 주는 것이 심리적으로 더 안전하고 편안하며 도움이 된다는 점을 기억하십시오. 미리 몇 가지 표현들을 연습해 두는 것이 도움이 될 수 있습니다. 연습하고 자신감이 생기면, 자신이 가장 편안하게 느끼는 방식으로 개입할 수 있도록 표현을 수정하십시오.

먼저, 그 순간에 바로 지적할지 아니면 나중에 할지를 선택해야 합니다. '이 문제에 대해 생각해 본 후 나중에 다시 이야기 나누겠습니다.'와 같은 말로 후속 조치를 예고할 수도 있습니다. 이때 '나 전달법'을 사용하고, 구체적으로 말해야 합니다. 해당 사건에 대해 당신이 어떻게 이해했으며 그것이 당신에게 어떤 느낌을 주었는지 이야기하십시오. 만약 어떤 발언에 대해 문제를 제기하는 경우라면, 그 발언을 있는 그대로 반복하십시오.

바디랭귀지에도 신경 써야 합니다. 당신 자신이나 동료 중 누군가가 불편해하는 것으로 보이는 발언에 웃음으로 반응하지 마십시오. 고개를 돌리거나 주제를 바꿈으로써 못마땅함을 표현할 수도 있고, 혹은 손을 들어 '멈춤' 신호를 보내며 다음과 같이 말할 수도 있습니다:

- '잠시 말씀을 끊어도 될까요? 방금 하신 말씀은 제가 이해하기로는…'
- '저는 그 점이 불편합니다.' 또는, '그 점에 대해 제가 어떻게 느껴야 할지 잘 모르겠습니다…'

만약 유머를 사용하는 것이 당신에게 자연스럽다면, 유머를 활용하는 것도 좋습니다. 예를 들어, 대부분의 사람들이 이해할 만한 표현으로는 '그 발언에 옐로카드 드립니다.' 같은 것이 있습니다. 질문하는 방식 또한 효과적일 수 있습니다:

- '그게 왜 재미있죠? 저는 잘 모르겠습니다.'
- '혹시 인지하지 못하셨을 수도 있겠지만…'
- '재미있으려고 [발언 반복]라고 말씀하신 줄 알지만, 저는 그로 인해 이렇게 느꼈습니다…'
- '[발언/사건 반복]에 대해 제가 이해한 바는 이렇습니다. 어떤 의도로 그러셨나요?'
- '이 문제에 대해 저희는 다른 결론에 도달한 것 같습니다. 당신의 생각을 차근차근

설명해 주시겠습니까?'

- '[발언 반복]이 어떤 의미였습니까?'
- '당신의 발언이 …로 해석될 수 있다는 점을 알고 계십니까?'
- '여성들은 그 점을 다르게 경험할 수도 있다는 점을 고려해 보셨습니까?'
- '[발언 반복]이라고 말씀하셔서 의도치 않게 여성들의 기분을 상하게 하는 일은 없었으면 합니다.'
- 그 상황이나 평가에서 사용된 언어가 만약 남성에 대해 이야기하는 경우였다면 동일했을지 물어보십시오. 더 나아가, 자신의 누나나 어머니, 혹은 여성 파트너에 대해 말할 때도 마찬가지였을지 물어보십시오.

물론, 문제를 지적할 수 있으려면 리더들이 솔선수범하고 다른 사람들을 지지함으로써 그렇게 해도 안전한 환경을 만들어 주어야 합니다. 이는 사람들이 자신보다 조직 내 서열이 높은 사람에게 문제를 제기할 수 있도록 돕기 위해 필요합니다.

지적받았을 때 해야 할 말과 행동

만약 당신 자신이 우연한 성차별적 행동이나 언어 사용으로 지적받았다면, 응답할 때 우선 이 문제를 제기하는 사람에게 이것이 얼마나 어렵고 감정적으로 소모되는 일인지를 이해하는 것에서부터 시작해야 합니다. 그들의 말을 진지하게 받아들이고 해결책을 찾는 것은 당신의 책임입니다. 아래는 시도해 보고 자신에게 맞다고 생각되는 방식으로 조정할 수 있는 몇 가지 제안들입니다:

이렇게 말씀**하십시오:**

- '죄송합니다. 그럴 의도는 아니었습니다. 제가 분명히 더 노력해야 할 부분이 있군요. 이 문제를 바로잡고 싶습니다. 혹시 시간 괜찮으시다면, 그리고 원하신다면, 제가 대신 어떻게 말하거나 행동했어야 하는지 제안해 주시겠습니까?'
- '경청하고 있습니다. 이 문제를 제기해 주셔서 감사합니다.'
- '말씀하신 내용에 대해 성찰해 보고 곧 다시 연락드리겠습니다.'
- '죄송합니다. 다음에는 더 잘하도록 노력하겠습니다.'

이런 말은 **하지 마십시오:**

- '당신이 뭔가 오해한 것이 틀림없습니다.'
- '아니요, 그건 당신의 착각(상상)일 뿐입니다.'
- '아, 그냥 농담이었을 뿐입니다.'
- '왜 그렇게 속상해하시는지 모르겠습니다.'
- '당신이 너무 예민하게 반응하는군요.'
- '제가 원래 그런 사람입니다.'

핵심 요약

이번 장에서는 많은 남성들이 알아채지 못하지만 여성의 기회균등 접근에 큰 영향을 미치는 일상적인 행동들에 초점을 맞추었습니다. 저희가 제시한 예시들은 5C(역량, 제약, 관계, 공로 인정/신뢰, 소통)라는 다섯 가지 주제를 중심으로 구성되었습니다.

이러한 행동들을 발견했을 때, 남성 동맹은 이러한 장애물들을 제거하기 위해 개입하는 강력하고 필수적인 역할을 수행합니다. 저희는 남성 또는 여성이 이러한 문제들을 해결하기 위해 개입할 수 있는 일상적인 방법들, 어떤 종류의 행동이나 언어를 지적해야 하는지, 어떻게 그렇게 해야 하는지, 그리고 중요하게는, 당신 자신이 우연한 성차별적 행동으로 지적 받았을 때 어떻게 해야 하는지에 대한 조언을 제공했습니다. 이러한 개입 방식을 연습하여 시간이 지남에 따라 편안하고 쉽게 실행할 수 있도록 하십시오.

다음 장에서는 채용 관행을 더 포용적으로 만들고 팀, 부서 또는 회사 내 여성의 수를 늘리기 위한 저희의 핵심 조언들을 제공하겠습니다.

5장

채용 절차
개선하기

채용은 순조로울 때조차 어려운 일이지만, 만약 회사의 성별 균형을 개선하고자 한다면 더 많은 여성 지원자를 유치할 방법에 대해 반드시 고민해야 합니다. 이번 장에서는 채용 관리자(및 그들의 관리자)가 유색인종 여성을 포함하여 다른 소수 집단의 구성원이기도 한 여성을 포함한 재능 있는 인재들을 채용하기 위해 취할 수 있는 단계에 초점을 맞추었습니다. 여기서 제시되는 아이디어 중 다수는 전통적으로 과소 대표되어 온 다른 집단들의 채용 결과를 개선하는 데에도 유관하다는 점에 주목할 필요가 있습니다.

기대치 설정

저희는 관리자들이 여성 대졸자 인력 풀 비율이 낮다는 점을 근거로, 특정 전문 분야나 고위 직책의 여성 후보자 풀 역시 비슷하거나 더 작을 것이며, 특히 유색인종 여성 후보자의 경우에는 더욱 그럴 것이라고 예상하는 말을 자주 듣습니다. 낮은 기대치의 문제점은 그것이 자기 충족적 예언이 될 수 있다는 데 있습니다. 소수 집단 출신 지원자가 적을 것이고 그중 채용되는 인원은 더 적을 것이라고 예상하면, 후보자를 찾는 방식에서 유연성을 발휘하거나 채용 절차에 편견이 없는지 면밀히 검토할 동기가 없어집니다.

또한 여성이 남성보다 이직 빈도가 낮고, 세계적인 팬데믹으로 인해 더 많은 여성 관리자들이 직장을 그만두거나 근무 시간을 단축하면서, 적극적으로 구직 활동을 하는 여성의 수가 더 적다는 현실적인 이유도 있습니다.[1, 2, 3] 요컨대, 사람들은 계속해서 주로 백인 남성들만 채용하면서 그 원인을 외부 요인 탓으로 돌리기 쉽습니다. 이는 결국, 팀을 위한 다양한 채용의 혜택을 누리기 위해서는 우선 여성과 유색인종 여성을 채용하겠다는 의도부터 가져야 한다는 것을 의미합니다. 새로운 접근 방식이 필요한 것입니다.

저희가 첫 번째로 권장하는 것은, 모든 직무에 대해 최소 한 명의 여성 후보자를 인터뷰하는 것이 의무이며, 다양한 후보자들을 검토하기 전에는 채용 결정을 내릴 것으로 기대해서는 안 된다는 점을 채용 관리자에게 명확히 하는 것입니다. 지원자 풀의 다양성 비율이 목표 집단의 비율보다 높도록 조치를 취해야 합니다. 따라서 만약 특정 직무에 대한 최종 후보자 명단이 10명이고 해당 직무 분야에 여성이 약 20% 존재한다고 생각한다면, 최종 후보 명단에는 여성을 3~4명 포함시키는 것을 목표로 삼아야 합니다. 다른 소수 집단에 대해서도 이와 유사한 방식으로 생각해야 합니다.

다양성을 고려한 직무 기술서 작성

직무 기술서가 중요한 이유는, 만약 제대로 작성되지 않으면 (여성뿐 아니라) 광범위한 후보자들이 처음부터 지원 자체를 포기할 수 있기 때문입니다. 위험 평가와 관련하여 남성과 여성이 서로 다른 관점과 접근법을 가진다는 점을 시사하는 연구가 많이 있습니다.[4] 이는 매우 흥미로운 영역이며, 위험에 대한 접근 방식의 젠더 관련 차이가 유전적인 것인지, 아니면 스트레스, 사회적 지위, 특권 등 다른 요인들이 위험 선호도를 결정하는 더 주요한 요인인지에 대해서는 상반된 견해들이

존재합니다.[5]

이 영역에서 반복적으로 나타나는 주제 중 하나는 직무 지원 시 남성과 여성이 보이는 행동의 차이입니다. 연구에 따르면, 여성은 자격 기준을 100% 충족한다고 생각할 때만 공고된 직무에 지원하는 반면, 남성은 60%만 충족한다고 생각해도 지원하는 경향이 있습니다.[6, 7] 유사하게, 링크드인(LinkedIn)의 연구에서는 여성이 남성보다 20% 더 적은 수의 직무에 지원하며, 채용 공고를 본 후 해당 직무에 지원할 가능성도 남성보다 16% 낮다는 결과가 나왔습니다.[8]

왜 이런 현상이 나타나는 것일까요? 연구만으로는 아직 이유가 명확히 밝혀지지 않았습니다. 이는 위험 선호도의 차이와 관련이 있을 수 있습니다. 또는 여성이 (예: 남성보다 사용 가능성이 더 높은 육아 휴직 등으로 인해) 한동안 직장을 떠나 있었거나, 혹은 현재 직무에서 지속적인 편견을 경험한 경우 자신감이 부족하기 때문일 수도 있습니다. 혹은 채용 과정 자체가 자신에게 불리하다고 믿기 때문일 수도 있습니다(실제로 많은 경우 그렇습니다). 로빈 엘리와 아이린 파다비치의 연구 '무엇이 정말로 여성들을 가로막고 있는가?'에서 강조된 또 다른 가능성은, 여성이 남성보다 학창 시절부터 규칙을 따르도록 더 많이 조건화되었을 가능성입니다.[9] 이러한 요인들이 복합적으로 작용한 결과일 가능성이 가장 높지만, 핵심은 이러한 차이를 인식하는 것입니다.

이러한 점들을 고려하여, 기업들은 현재 사용 중인 직무 기술서를 면밀히 검토하고 개별 관리자에게 어느 정도까지 수정 권한을 부여할지 고민해야 합니다. 어떤 기술과 경험이 진정으로 필수적이며, 어떤 것은 입사 후 교육을 받거나 업무를 통해 배울 수 있는 것일까요? 직무 기술서를 특정 기술보다는 사고방식과 행동에 초점을 맞춰 더 포괄적으로 작성하는 것이 바람직할 수 있습니다. 결국 당신은 특정 '직무'에 맞는 사람을 채용하는 것이 아니라 당신의 '조직'에 맞는 사람을 채용하는 것이기 때문입니다. 그들을 잘 대우하고 그들이 훌륭하게 업무를 수행한다면, 그들은 조직 내에서 다른 역할로 성장해 나갈 것이며 그 과정에서 다른 기술들을 배우게 될 것입니다.

만약 직원들에게 자신이 채용하려는 직무에 대한 직무 정의를 직접 작성하도록 허용한다면, 그 방법을 제대로 교육해야 합니다. 직무 기술서를 보다 성 중립적으로 만드는 데 도움이 되는 여러 소프트웨어 도구들이 있습니다.[10] 이러한 도구들은 젠더 대명사뿐만 아니라, 남성에게는 더 매력적으로 어필하고 여성에게는 소외감을 줄 수 있는 경향이 있는 언어들을 강조하여 보여줍니다.

외부 지원자를 늘리는 방법

직무를 홍보하고 지원자를 유치하기 위해 외부 채용 대행사나 내부 전담 채용팀을 활용할 경우, 초기 단계부터 채용 담당자에게 소수 집단의 이력서를 받아보기를 기대한다는 점을 알려야 합니다. 또한 직무 명세서가 이러한 후보자들의 관심을 끌 가능성이 있는지, 만약 그렇지 않다면 어떻게 개선할 수 있을지에 대해 피드백을 요청해야 합니다.

다음으로, 당신 자신의 네트워크를 활용하는 방안을 살펴보아야 합니다. 특히, 당신이 속한 업계 내 다양한 커뮤니티를 대표하는 네트워킹 그룹들과 좋은 관계를 유지하고, 업계 행사나 링크드인과 같은 소셜 미디어 플랫폼을 통해 이러한 그룹들에 당신 자신을 가시적으로 드러내야 합니다.

또한 당신의 조직 내에 다양한 배경의 후보자를 유치할 가능성을 높이는 데 도움이 될 만한 채용 프로그램이 있는지 알아보아야 합니다. 예를 들어, 저희 회사의 경우 경력 단절 후 해당 업계로 복귀하려는 사람들을 대상으로 하는 '경력 복귀 지원 프로그램'을 통해 여러 성공적인 후보자들을 채용할 수 있었습니다. 또 다른 접근법은 조직 내에서 다양한 배경의 후보자들을 성공적으로 채용하는 사람이 누구인지 살펴보고 그들에게 조언을 구하는 것입니다.

10개 이상의 유사 직무를 한꺼번에 채용하는 등 대규모 인력을 채용할 경우에는, 대안적인 채용 방식을 사용하여 다양한 후보자 풀을 유치하고 계약 완료 후 해당 후보자에 대한 '정규직 전환 채용권' 옵션을 포함하여 직원을 계약하는 컨설팅 회사들을 활용해 보아야 합니다. 이러한 회사들은 일반적으로 학력이나 학위보다는 적성 검사를 사용하여 후보자를 식별한 다음, 요구되는 역할을 수행할 수 있는 수준까지 끌어올리기 위한 교육을 제공합니다. 일부 회사는 비전통적인 채용 영역을 활용하기 위해 경력 복귀 여성이나 퇴역 군인을 대상으로 하기도 합니다.

만약 이러한 노력 후에도 여전히 다양한 후보자들을 유치하지 못하고 있다면, 또 다른 선택지는 특정 집단을 대상으로 하는 채용 캠페인을 시작하는 것입니다. 저희는 채용 담당자들이 자신들의 연락망과 소셜 미디어 플랫폼을 활용하여 저희가 찾는 유형의 기술을 보유한 다양한 배경의 후보자들에게 연락하고, 이들을 저희 회사 커리어 행사에 초대하는 방식의 행사들을 몇 차례 진행한 경험이 있습니다.

저희는 50명에서 100명의 후보자 참석을 목표로 하며, 공석이 있는 모든 내부 팀의 참여도 독려합니다. 저희는 직원들과 잠재 후보자들을 연결하여 인터뷰를 진행하고, 심지어 그 자리에서 바로 채용 제안까지 할 수 있도록 노력합니다. 저희 남성 동맹 팀 역시 이러한 행사에 초청되어, 회사가 기술 분야 여성 지원을 진지하게 받아들이고 있음을 보여주는 역할을 했습니다.

내부 후보자 활용

더 고위 직책의 경우, 저희는 우선 기존 팀 내에서 해당 역할로 승진할 수 있는 인물이 있는지 살펴보시기를 제안합니다. 하지만 이러한 과정에서 채용 관리자의 편견으로 인해 우연히 다양성이 간과될 수 있으므로 신중하게 진행해야 한다는 점에 유의해야 합니다.

내부 직책에 여성 후보자를 선발하는 데 영향을 미칠 수 있는 첫 번째 편견은 온정적 성차별입니다. 일반적으로 관리자는 당사자에게 어떤 종류의 기회에 관심이 있을지 (종종 부정확하게) 선의의 가정을 하곤 합니다. 예를 들어, 직접 물어보지도 않고 어머니인 여성은 정기적인 출장이 필요한 역할에 관심이 없을 것이라고 가정하거나, 신혼인 여성이 근무지 변경을 원치 않을 것이라고 단정하는 경우입니다.

여성 후보자가 간과될 수 있는 두 번째 편견은 저희가 제1장에서 이야기했던 유사성 편향 또는 동질성 편향입니다. 직장에서 저희는 종종 '우리와 비슷한' 사람들과 더 긴밀한 관계를 맺는 경향이 있습니다. 이것이 내부 후보자로 직책을 채울 때 미칠 수 있는 영향은, 바로 이런 사람들이 다른 사람들보다 먼저 생각난다는 것입니다.

이 두 가지 편견 모두에 대처하기 위해서는, 해당 직책의 잠재 후보자를 찾는 데 있어 구조화된 접근법을 취하는 것이 최선입니다. 예를 들어, 만약 마케팅 부문 부사장(VP) 직책이라면, 현재 재직 중인 모든 VP와 VP 승진 고려 대상자 목록 전체를 한 명씩 검토하여 해당 직책의 잠재 후보자를 찾아내는 방식입니다. 잠재 후보자 목록을 확보했다면, 그들이 해당 기회에 관심이 있을지에 대해 미리 가정하지 말고 직접 그들에게 이야기해야 합니다. 이렇게 하면 적어도 모든 사람이 고려 대상이 되도록 보장할 수 있습니다.

또 다른 접근법은, 여성이 남성보다 승진 지원 가능성이 낮다는 점을 인지하고 그들이 지원하도록 적극적으로 독려하는 것입니다. 예를 들어, 로펌들은 종종 선출직 이사회 임원을 두는데, 전통적으로 여성이 선출되는 비율이 낮았습니다. 저희가 이야기를 나눈 한 로펌은 이러한 경향을 깨뜨렸는데, 기존 이사회 구성원들에게 이사직에 적합하다고 생각하며 지원 의사가 있을 만한 후보자가 누구인지 의견을 구했습니다. 이렇게 지명된 사람들에게 이 사실을 알리자 더 많은 유능한 여성들이 지원하도록 독려하는 효과가 있었고, 놀랍지 않게도 더 많은 여성이 이사회에 선출되는 결과로 이어졌습니다.

마지막으로, 외부 후보자에 대해 앞서 언급했던 여러 사항들은 내부 후보자에게도 마찬가지로 적용됩니다. 내부 네트워크, 특히 다양한 네트워킹 그룹들을 활용하여 직무를 공고하고 홍보하면, 다른 사업 부문의 여성들이 관심을 갖고 지원할 수도 있습니다. 당신의 팀보다 다양성이 더 높은 팀들 중 해당 직무에 필요한 전이 가능한 기술을 가진 인재가 있을 법한 팀을 찾아보아야 합니다. 예를 들어, 기술 분야에서는 운영 부문과 같은 다른 사업 부문의 우수한 기술을 가진 여성이 기술 직무에 관심을 가질 가능성을 고려했습니다.

이력서 검토

제2장의 코딩 사례에서 보았듯이, 젠더가 알려지면 여성에 대한 편견이 작용할 수 있습니다(연구에 따르면 인종적 소수 집단을 암시하는 이름을 가진 사람들에 대해서도 유사한 편견이 발견되었습니다).[11, 12] 초기 검토 단계에서 편견을 피하기 위해, 사람들의 이름과 젠더를 드러내는 대명사 등을 제거하는 '블라인드 이력서' 방식을 채택할 수 있습니다. 하지만 검토 과정에서는 종종 어떤 형태로든 연락이 이루어지면서 젠더가 명확히 드러나게 됩니다. 저희는 어떤 후보자를 인터뷰해야 할지 식별하기 위한 명확한 기준을 설정하시기를 권장합니다. 기준이 명확하지 않으면 편견이 영향을 미칠 가능성이 더 커집니다. 왜냐하면 결정이 구체적인 기준보다는 직관이나 '느낌'에 더 의존하게 될 가능성이 높기 때문입니다.

또한 후보자를 평가하고 검토하는 자동화된 소프트웨어는 본질적으로 편향된 데이터에 의존하여 평가를 내릴 수 있으므로 신중하게 사용해야 합니다. 이에 대한 좋은 예로 아마존의 한 팀이 개발했던 채용 머신러닝 엔진이 있습니다.[13, 14, 15] 이 엔진은 지난 10년간 성공 또는 실패했던 후보자들의 이력서를 기반으로 학습하여, 어떤 후보자가 채용될 가능성이 높은지를 파악함으로써 이력서 검토 및 인터뷰 시간을 절약하는 것을 목표로 했습니다. 하지만 팀이 발견한 것은, 모델 학습에 사용된 데이터셋 내 성공적인 채용 사례 대부분이 남성이었기 때문에 알고리즘이 남성 후보자를 선호하도록 학습했다는 점이었습니다. 알고리즘은 후보자의 젠더 정보에 직접 접근하지 않았음에도 불구하고, 예를 들어 여자 대학 출신 후보자처럼 여성이 작성했을 가능성이 높은 이력서에 대해서는 자동적으로 점수를 낮게 매겼습니다. 또한 '실행했다' 또는 '달성했다'와 같이 남성들이 더 자주 사용하는 경향이 있는 단어가 포함된 이력서의 순위는 더 높았습니다. 알고리즘을 수정하려 노력했지만, 아마존은 결국 이 시스템 사용을 포기했고 해당 팀은 2017년에 해체되었습니다.

만약 이력서 검토 과정을 거친 후에도 다양한 배경의 후보자가 거의 통과하지 못한다는 사실을 알게 된다면, 저희는 필터링된 후보자 중 일부를 다시 포함시켜 다음 단계로 진행시키기를 권장합니다. 이러한 후보자들이 이후 과정에서 어떻게 평가받는지 지켜 봄으로써, 검토 과정 자체의 편견을 발견할 수도 있습니다. 또 다른 이점은, 설령 그들이 현재 검토 중인 직무에는 적합하지 않더라도 회사 내 다른 직무에는 적합할 수 있다는 점입니다.

면접 절차

후보자 명단이 준비되었다면, 이제 면접 접근 방식을 고려할 차례입니다. 당신은 이 절차에서 편견을 제거하기 위해 할 수 있는 모든 노력을 기울이고 있습니까? 유명한 사례를 하나 살펴보겠습니다.

1952년, 보스턴 심포니 오케스트라는 더 많은 여성 단원을 채용할 필요성을 느끼고, 지원자가 스크린 뒤에서 연주하는 방식의 '블라인드 오디션' 절차를 만들었습니다. 하지만 초기 결과는 여성 채용 비율이 증가하지 않아 놀라움을 안겨주었습니다. 오케스트라 측은 심사위원단이 지원자가 무대로 걸어 나올 때 나는 발걸음 소리로 지원자의 젠더를 추측할 수 있음을 깨달았습니다. 지원자들에게 신발을 벗도록 요청하고 나서야 비로소 여성 채용이 증가하는 것을 확인했습니다.

이후 여러 오케스트라가 이 방식을 따랐으며, 한 연구에서는 블라인드 오디션이 해당 분야 여성 채용률에 상당한 차이를 만들어냈다는 결과가 나왔습니다.[16] 이후 해당 연구 보고서의 일부 통계에 대해서는 이의가 제기되기도 했지만, 전반적인 증거들은 이 특별한 적극적 조치를 취하는 것이 연주의 질을 저하시키지 않으면서도 오케스트라의 성별 구성에 변화를 가져왔음을 뒷받침합니다.

저희가 반드시 기업들이 '블라인드 면접'을 실시해야 한다고 주장하는 것은 아닙니다만, 채용 절차상의 변화가 필요한지에 대해서는 분명히 고려해 볼 가치가 있습니다. 만약 여성 최종 합격자 비율이 여성 지원자 비율에 미치지 못한다면, 여성들이 면접 과정을 통과하는 것을 가로막는 무언가가 있을 가능성이 높습니다.

면접 과정에서의 편견을 줄이기 위한 저희의 8가지 권장 사항은 다음과 같습니다:

1. **가능한 경우 표준화된 기술 테스트를 사용하여 모든 후보자가 특정 문제 해결 능력을 평가받도록 해야 합니다.** 면접이 표준화될수록 면접 과정에 편견이 개입될 가능성이 줄어듭니다.

2. **다양한 배경의 면접관들로 구성해야 합니다.** 첫째, 면접관 구성의 다양성은 면접관 개개인의 무의식적 편견이 미치는 영향을 줄이는 데 도움이 되거나, 적어도 존재하는 편견들이 다양해지도록 보장할 수 있습니다. 둘째, 다양한 배경의 후보자들이 자신과 비슷한 사람들이 이미 해당 직책에서 근무하며 면접 과정에 참여하는 것을 본다면, 그 조직에 대해 더 큰 매력을 느낄 수 있습니다. 셋째, 다양한 면접관 구성은 후보자가 다양한 배경의 사람들과 어떻게 상호작용하는지 시험하여, 자신과 다른 사람들과 효과적으로 협력할 수 있는지를 확인하는 데 도움이 됩니다.

3. **면접관들이 면접 교육을 받았는지, 그리고 무엇을 물어보지 말아야 하는지를 확실히 알도록 해야 합니다.** 저(스티븐)는 제가 직무 면접을 볼 때, 얼마나 많은 사람들이 제 가족이나 취미에 대해 묻는지 보고 종종 놀라곤 합니다. 이런 일이 있을 때, 어떤 사람들에게는 이런 유형의 질문에 답하는 것이 얼마나 어려울까 생각합니다. 면접관이 보통 가벼운 대화를 시도한다는 것은 알지만, 왜 그것을 알고 싶어 하는지 의문이 듭니다. 면접에서 개인적인 질문을 하는 것은 유용한 정보를 얻는 데 도움이 되지 않으며, 오히려 후보자가 직무를 수행할 수 있는지 여부와는 전혀 관계없는 정보로 인해 당신의 판단에 영향을 미칠 위험만 있습니다. 후보자의 긴장을 풀어주기 위해 워밍업 질문이 필요하다면, 날씨나

면접 장소까지 오는 여정에 대한 이야기 정도로 한정해야 합니다.

4. **모든 후보자에게 동일한 질문을 동일한 순서로 해야 합니다.** 연구에 따르면 여성은 남성보다 면접에서 말을 더 자주 끊기고 (여성 면접관과 남성 면접관 모두에 의해) 더 많은 추가 질문을 받으므로 이 점을 인지해야 합니다.[17] 이는 여성이 남성보다 자신의 기술을 증명하도록 더 흔하게 요구받기 때문이며(역량 편향), 이로 인해 여성 후보자들은 자신을 어필할 시간이 줄어듭니다. (가능한 한) 동일한 질문을 하고 모든 사람에게 동일한 발언 시간(airtime)을 주는 것이 편견의 영향을 줄이고 공정한 비교를 가능하게 하는 데 도움이 될 것입니다.

5. **후보자의 잠재력을 고려해야 합니다.** 연구에 따르면 남성은 실제 경험보다 잠재력을 기반으로 채용되는 경우가 더 많다고 합니다.[18] 저희는 일반적으로 남성 채용 관리자들에게 잠재력에 대해 더 많이 생각할 것을 제안하며, 특히 여성 후보자가 직무 기술서에 나열된 매우 긴 기술 목록 전부에 대해 쉽게 역량을 입증하지 못할 수 있는 경우에는 더욱 그렇습니다.

6. **답변이 제시되는 즉시 1점에서 10점까지의 척도로 점수를 매겨야 합니다.** 이는 객관적인 평가를 저해할 수 있는 기억 의존도를 줄여줍니다. 왜냐하면 우리는 가장 최근의 답변, 가장 생생한 답변, 또는 스토리텔링 방식으로 응답하는 후보자의 답변을 더 잘 기억하는 경향이 있기 때문입니다.[19]

7. **면접 후 후보자들에 대해 논의할 때는, 후보자 전체를 서로 비교하기보다는 질문별로 후보자들의 답변을 논의하는 것이 좋은 방법입니다.** 이는 또한 유사성 편향 및 역량 편향에 대처하는 데 도움이 됩니다.[20]

8. **패널 또는 그룹 면접을 실시할 경우, 패널 중 한 명을 '편견 감시자'로 지정하여 면접 중 또는 면접 후 결과 보고 시 부적절한 관행을 지적하도록 하는 방안을 고려해야 합니다.**

최종 후보자 선정

모든 면접이 완료되면, 채용 관리자는 최종적으로 누구에게 해당 직책을 제안할지 결정하기 전에 후보자들에 대한 피드백을 받고자 할 것입니다. 이 결정은 일반적으로 자신의 상급 관리자와 함께 내리게 됩니다. 만약 당신이 채용 결정을 내리는 위치에 있다면, 최종 선택 전에 다음 몇 가지 추가 사항들을 염두에 두어야 합니다:

1. 진행된 채용 과정에 만족하십니까?
2. 소수 집단 출신의 자격을 갖춘 후보자들이 충분히 면접에 참여했습니까? 그렇지 않다면, 최종 결정을 미루고 채용팀에 채용 결정을 내리기 전에 더 많은 후보자를 찾아보라고 지시하는 것을 고려해야 합니다.
3. 면접 피드백을 검토할 때는 현재 팀 구성을 고려하여, 무엇이 부족한지 그리고 잠재 후보자들이 팀에 무엇을 더할 수 있을지 살펴보십시오. 이는 언어 능력, 다른 배경, 또는 소수 집단 소속 여부 등이 될 수 있습니다. 이러한 다양성이 가져오는 이점을 채용 결정에 반드시 반영하는 것이 중요합니다.
4. 다른 후보자들보다 낮은 점수를 받았음에도 불구하고 채용 대상으로 추천된 소수 집단 출신 후보자가 있다면 그 이유에 대해 질문하십시오. 그 추천의 근거가 중요합니다. 이미 언급했듯이, 저희는 그러한 상황에서 임명되는 누구에게든 불공평할 수 있는 역차별 사례들을 접한 적이 있기 때문입니다.

여성 후보자에게 직무 제안하기

만약 직무를 제안하고 싶은 여성 후보자를 찾았다면, 이 조직이 그녀에게 적합한 곳임을 어떻게 설득할 수 있을까요? 모든 표준적인 복리후생 외에도, 조직의 포용성에 대한 의지를 강조하는 것이 좋습니다. 다수의 직원 자원 그룹(ERG)이 존재할 뿐만 아니라, 모든 직원들이 조직의 가치를 받아들이고 긍정적인 태도, 유연성, 그리고 성과 중심 사고방식으로 후보자의 성공을 지원하도록 장려된다는 점을 명확히 전달해야 합니다.

연구에 따르면 남성과 여성은 직무를 선택할 때 서로 다른 가치를 중요하게 여긴다고 합니다. 미국(US)에서 1,000명 이상의 남녀를 대상으로 한 설문 조사 결과, 여성들은 유연 근무 제도, 일과 삶의 균형, 더 짧은 통근 거리, 그리고 회사가 자신의 경력을 어떻게 발전시켜 줄 것인지에 대한 정보를 더 선호하는 것으로 나타났습니다. 반면 남성들은 재정적 성공에 더 초점을 맞추었으며, 따라서 예를 들어 회사의 재무 성과에 더 많은 영향을 받았습니다.[21]

진행 상황 점검하기

채용에서의 다양성 개선은 느리지만 꾸준히 진행되는 과정이며, 당신이 실행한 변화의 영향을 평가하는 데는 시간이 걸립니다. 데이터를 살펴보지 않고 최근의 몇몇 다양한 채용 사례만 떠올리며 잘하고 있다고 생각하기 쉽습니다. 당신이 개선하고자 하는 측정 기준은 전반적인 다양성이므로, 채용의 다양성뿐만 아니라 이 전반적인 다양성 지표도 정기적으로 관찰하는 것이 중요합니다. 저희 경험상, 조직 또는 부서 내 여러 다른 직급에서의 다양성을 살펴보는 것 또한 중요합니다. 종종 직급이 높아질수록 소수 집단 배경의 후보자를 채용하기가 점점 더 어려워집니다.

다양한 배경을 가졌지만 채용되지 않은 후보자들, 즉 당신의 제안을 거절했거나 마지막 단계에서 절차를 포기한 후보자들에 대해서도 살펴보아야 합니다. 왜 그렇게 되었는지 확인하는 것이 중요합니다. 해당 후보자를 누가 인터뷰했는지도 알아보아야 합니다. 다양한 면접관 구성에 대한 지침이 지켜지지 않았거나 다른 모범 사례들이 누락되었을 수도 있습니다. 만약 후보자가 팀 분위기가 불편했거나 면접 과정에서 불쾌한 경험을 하여 제안을 거절했다면, 일반적인 채용 절차를 통해서는 이러한 피드백을 얻기 어려울 것입니다. 저희는 다른 사람에게 부탁하여 해당 후보자에게 연락하고 그 이유를 확인해 보시기를 제안합니다.

스티븐은 장래가 유망했던 한 여성 후보자가 자신의 그룹에서 제안한 직책을 거절했던 사례를 저희 워크숍에서 다음과 같이 공유합니다:

'저는 그녀가 상시 재택근무를 원했기 때문에 그 직책을 거절했다고 들었습니다. 하지만 그녀가 이 특정 직책에 대해 상시 재택근무를 기대했을 것이라는 설명이 저에게는 납득이 가지 않았습니다. 후보자에게 직접 확인해 보니, 채용 관리자와의 경험이 부정적이었다는 사실을 알게 되었습니다. 관리자가 그녀를 무시하는 듯한 태도를 보였고, 후속 조치도 제대로 하지 않았으며, 면접에도 늦었고, 전반적으로 그녀에게 나쁜 인상을 주었던 것입니다. 비록 그 후보자를 놓치기는 했지만, 그녀의 피드백 덕분에 적어도 면접 절차를 개선할 수는 있었습니다.'

핵심 요약

이번 장에서는 당신의 팀, 부서 또는 조직 내 여성 수를 늘리기 위해 채용 관행을 더 포용적으로 만드는 데 도움이 되는 저희의 핵심 조언을 제공했습니다. 이러한 조언들은 다른 소수 집단에 속한 여성 또는 남성을 채용할 때에도 적용됩니다. 저희는 내부 및 외부 후보자 채용을 위한 다양한 절차 단계에서의 모범 사례들을 살펴보았으며, 여기에는 다음 내용들이 포함됩니다:

- 목표 및 기대치 설정하기
- 더 효과적인 직무 기술서 작성하기
- 소수 집단 출신의 잠재 후보자를 찾는 방법
- 첫 이력서 검토부터 면접 과정 전반, 그리고 최고위 관리자의 면접 위원회 채용 추천 검토 단계에 이르기까지 편견을 피하는 방법
- 장래가 유망한 후보자에게 직무를 매력적으로 제안하는 방법
- 결과 검토하기

다음 장에서는 인력 관리자들이 더 포용적인 문화를 조성하고, 인재를 유지하며, 경력 개발을 관리하기 위해 무엇을 할 수 있는지 살펴보겠습니다.

6장

인재 유지 및
경력 관리

이번 장은 인력 관리자들을 주 대상으로 합니다. 그들은 인재 유지를 장려하고 경력 개발을 지원하는 포용적인 환경을 구축하는 최전선에 있습니다. 이번 장에서는 전체 팀 구성원들이 서로 소통하고 이해하는 방식을 개선하기 위해 그들이 취할 수 있는 조치들, 근무 시간과 휴가 기간 문제를 다루는 방법, 그리고 멘토링 및 후원과 같이 경력 개발을 촉진하는 다른 방법들에 대해 살펴보겠습니다.

분명한 점은, 이러한 조치들 중 다수는 조직 차원의 프로세스와 활동 계획에 의해 뒷받침될 필요가 있다는 것입니다. 따라서 여기 제시된 아이디어 중 일부는 이러한 정책을 변경할 수 있는 위치에 있는 리더십 팀과의 논의를 촉발할 수도 있습니다.

더 나은 대화

아마도 저희가 관리자들에게 가장 흔하게 드리는 조언은 '더 많은 대화를 나누라'는 것입니다. 관리자와 팀 구성원 사이의 많은 문제들은 좋은 의도에서 비롯되었지만 편견의 영향을 받은 결정에서 발생합니다. 특히 관리자가 직원들과 직접 이야기하지 않고 지레짐작할 때 더욱 그렇습니다. 관리자가 팀 구성원들을 더 잘 알게 되고 그들의 문제들에 대해 더 정기적으로 논의하게 되면, 온갖 종류의 포용성 관련 문제들을 신속하게 뿌리 뽑을 수 있습니다.

따라서 조직 차원에서는 모든 인력 관리자에 대한 몇 가지 기대 사항을 정의하고 소통하며, 이러한 기대 사항들이 잘 이해되고 있는지

확인하는 것이 도움이 됩니다. 그러한 기대 사항에는 다음 내용들이 포함될 수 있습니다:

- 팀의 모든 구성원과 정기적인 일대일 미팅을 가질 것.
- 그 일대일 미팅에는 업무 및 프로젝트 논의뿐만 아니라, 경력 발전과 학습에 관한 개인적인 성장/개발 관련 대화도 포함할 것.
- 관리자는 직원이 공유하기를 꺼리는 내용을 강요해서는 안 되며, 직원이 기꺼이 공유하는 범위 내에서 그들의 개인적인 경험과 실제 경험을 이해하려고 노력할 것.
- 모든 팀 구성원을 포함하는 정기적인 팀 회의를 열 것.
- 모든 구성원이 정기적으로 참석할 수 있는 시간과 장소에서 팀 회의를 개최할 것; 만약 서로 다른 근무 환경의 사람들이 참여할 수 있도록 회의 장소와 시간을 변경해야 한다면, 그렇게 조정할 것.
- 팀의 모든 구성원에게 회의에서 기여할 기회를 줄 것; 관리자는 가능한 모든 사람의 견해가 경청되도록 보장하고, 기여에 도움이 필요해 보이는 사람들의 의견을 구해야 할 것.
- 관리자들을 관리하는 위치에 있다면, 자신에게 보고하는 관리자의 부하 직원들, 즉 한 단계 이상 아래 직급의 직원들과 정기적으로 일대일 또는 그룹 미팅을 실시할 것.
- 부서 관리자는 전체 부서가 상호작용할 수 있는 '타운홀' 형식의 행사를 정기적으로(최소 연 1회, 가급적 분기별로) 개최할 것.

단순히 대화의 빈도만이 중요한 것은 아닙니다. 우리가 서로에게 말하고 서로를 이해하는 방식을 개선하는 것이 핵심적입니다. 소속감을 느끼지 못하거나 자신이 진지하게 받아들여지지 않는다고 느끼는 것은, 때로 관리자가 전달했다고 생각하는 내용과 팀원이 실제로 이해한 내용 간의 오해나 불일치 때문일 수 있습니다. 또 다른 경우로는 피드백이 명확하게 전달되지 않아 불공정하다고 해석되거나, 이를 바탕으로 조치를 취하기 어렵기 때문이기도 합니다. 우리는 여성들이 '좀 더 자신감을 가져라' 또는 '더 진중한 모습을 보여라(gravitas)'와 같은 조언을 듣는 예를 자주 접합니다. 이러한 피드백 자체가 반드시 문제가 되는 것은 아닙니다. 문제는, 해당 여성이 어떻게 자신감이나 진중함을 보여줄 수 있는지, 그리고 그렇게 했을 때 현재 모습과 비교하여 어떤 구체적인 모습으로 나타날지에 대한 후속 설명이 없을 때 발생합니다. 학술 연구에 따르면, 여성에게 주어지는 피드백은 남성에게 주어지는 피드백보다 덜 직접적이고 실행 가능성도 낮은 경우가 많다고 합니다.[1] 이에 대한 설명으로는 여성을 속상하게 할까 봐 염려하거나, 괴롭히는 사람처럼 보일까 두려워하거나, 혹은 '알파 메일(alpha male)'이 아닌 다른 방식의 자신감과 진중함이 어떤 모습일지 제대로 설명하지 못하기 때문이라는 점들이 제시됩니다.

관리자들이 주고받는 피드백을 개선하기 위해 취할 수 있는 조치는 개인 수준의 작은 변화에서부터 코칭 또는 조력 스타일로의 근본적인 관리 방식 변화에 이르기까지 다양합니다. 이러한 양극단의 변화 모두 교육을 통해 지원받을 수 있습니다. 오늘 당장 실천할 수 있는 행동들은 다음과 같습니다:

1. 사람들에게 무엇을 하거나 바꾸도록 요청할 때 더 **구체적으로 설명**해야 합니다.
2. 상대방이 당신의 말을 어떻게 듣고 이해하고 있는지 확인함으로써 더 잘 **경청해야** 합니다. 이는 오해를 피하거나 바로잡는 데 도움이 될 것입니다. 링크드인 러닝의 적극적 경청 과정과 같이 이를 도울 수 있는 유용한 도구들도 쉽게 찾아볼 수 있습니다.

3. **피드백이 실행 가능**하도록 하고, 피드백을 받는 사람이 어떤 행동을 어떻게 바꿔야 하는지 명확히 알도록 해야 합니다.
4. **피드백을 요청**해야 합니다 - 적극적으로 나서서 사람들이 자신의 의견이 경청되었다고 느끼는지 확인해야 합니다.

경력 개발

성과 평가

업무 성과에 대해 남성이 여성보다 더 많은 공로를 인정받는 경우가 잦다는 연구 결과를 고려할 때, 관리자들이 팀 구성원의 성과를 평가하는 방식에 영향을 미치는 편견들에 대해 스스로 상기해 볼 가치가 있습니다.[2] 저희는 이 문제를 제1장에서 앞서 논의했습니다. 직원이 평가서에 작성한 내용이나 자신이 수행한 업무에 대해 이야기하는 내용을 살펴보고, 그 과정이 공정하고 일관되도록 하기 위해 직원이 무엇을 달성했고 어떻게 달성했는지 확인해야 합니다. 만약 소속 조직에 공식적인 피드백이나 동료 평가 절차가 없다면, 다른 사람들의 견해를 얻기 위해 적극적으로 노력해야 합니다. 남성 관리자의 경우, 다른 남성이 사용하는 젠더 편향적인 언어 중 본능적으로 자신에게 더 와닿는 표현이 있는지 주의 깊게 살펴보아야 합니다. 성과 평가 시기는 자신의 우연한 편견들을 다시 한번 점검해 볼 좋은 기회입니다.

마찬가지로, 목표를 설정할 때에도 모든 직원에게 일관된 언어와 기대를 전달하도록 유의해야 합니다.

새로운 기회

저희는 직무 전환이나 새로운 기회를 받아들이기를 주저하는 여성들의 사례를 여러 번 접했습니다. '저의 소프트웨어 엔지니어링 팀 리더가 미국(US)으로 돌아가기로 결정했을 때, 저는 그녀에게 엔지니어링 팀 운영을 맡아달라고 요청했습니다. 그녀는 자신이 직접 엔지니어로서 일한 경험이 없다는 이유로 거절했습니다. 저는 그녀가 테스트 팀과 함께 수행했던 자동화 작업을 통해 이미 기술적 역량을 충분히 보여주었으며, 그 역할에 적임자라고 확신했습니다. 3개월 동안 설득한 끝에 결국 그녀는 제 제안을 받아들였고, 이후 소프트웨어 엔지니어링 리더로서 탁월한 경력을 쌓아 나갔습니다.'

자신의 경력에 도움이 될 것이라는 점을 알면서도 역할 변경을 주저하는 이러한 여성들의 경험은 저희가 여러 차례 목격한 바입니다. 이것이 모든 여성에게 해당하는 보편적인 문제라고 말씀드리는 것은 아니지만, 저희가 관리자들에게 드리는 조언은 잠재력이 있다고 생각되는 직원이 보이는 어떤 망설임이라도 시간을 들여 이해하려 노력해야 한다는 것입니다. (저희 조언에 따라) 경력 개발 및 새로운 기회에 대해 정기적인 대화를 나누고 있다고 가정할 때, 어떤 직원들이 경력을 발전시킬 기회를 잡도록 더 열심히 지원하고 격려해야 할 수도 있습니다.

모든 조언이 좋은 조언은 아닙니다

여성들이 핵심 또는 기술 직무에 계속 남아 있도록 하기 위해 관리자들이 적극적으로 신경 써야 할 또 다른 영역은 경력 상담과 직무 선택입니다. IT 산업에서의 저희 경험에 비추어 보면, 시간이 지나면서 여성들이 조직의 핵심 영역인 소프트웨어 개발에서 벗어나 프로젝트 관리, 비즈니스 분석, 팀 코칭 등 상대적으로 덜 기술적인 역할로 이동하도록 권장되는 경우가 많고, 이는 결국 미래의 경력 발전을 제한합니다.

학계 연구자인 엘리와 파다비치는 한 글로벌 컨설팅 기업의 문화가 어떻게 여성의 발전을 저해할 수 있는지에 대해 18개월간의 검토 연구를 완료했습니다. 그들의 연구는, 내부 지원 부서 역할로 이동하거나 실제 근무 시간을 파트타임으로 줄이는 등, 여성들을 돕기 위해 고안된 일/가정 양립 지원책을 활용했던 여성들의 경력이 오히려 좌절되었다는 점을 보여주었습니다.[3] 여성들은 또한 관리자들과 멘토들로부터 고객을 대하는 스타일을 관계 중심적인 방식에서 더 공격적인 남성적 스타일로 바꾸라는 조언을 받기도 했습니다. 이로 인해 여성들은 고객 대면 역할에서 물러서게 되었습니다.

건설 업계 리더들과 이야기해 보면, 그들 역시 자신들의 업계에서 유사한 경향을 목격한다고 말합니다. 즉, 여성 비율이 시공 전 준비 및 인테리어 관련 직무에서는 더 높지만, 실제 운영 부문에서는 훨씬 낮다는 것입니다. 두 경우 모두, 여성들은 해당 고위직에 필요한 기술 격차를 메우기 위해 많은 노력을 기울이지 않는 한, 조직 내 최상위 직책으로 이어지기 어려운 역할로 이동하게 됩니다.

여성들을 이러한 덜 핵심적인 역할로 유도하는 것은, 여성들이 이러한 기술적 역할에 속하지 않는다고 여기는 의식적 또는 무의식적 편견 때문입니다. 이러한 역할 이동의 결과는 일반적으로 수년 동안은

체감되지 않기 때문에, 초기에 그러한 경력 경로 전환을 권했던 관리자는 그 영향을 인지하지 못하는 경우가 많습니다. 여성들은 특히 육아 휴직 후 복귀했을 때 이러한 종류의 편향된 조언에 취약해지는데, 이는 관리자들이 그들의 기술 역량이 위축되었거나 시대에 뒤떨어지게 되었다고 생각할 수 있기 때문입니다.

조직은 직무 역할들을 유형별로 분류하고, 여성이 상대적으로 덜 기술적이거나 덜 고객 대면적인 경력 경로로 전환하는 것으로 보일 경우 면밀히 주의를 기울여야 합니다. 이는 해당 전환의 동기와 장래의 영향에 대해 관리자와 직원이 함께 논의하고 합의하도록 보장하기 위함입니다.

멘토링

많은 조직들이 전사적으로 혹은 조직 내 소수 집단을 대상으로 하는 멘토링 프로그램을 시작합니다. 저희는 여러 다른 기업들에서 직접 멘토 역할을 하거나 멘토-멘티 연결을 배정하면서 이러한 유형의 프로그램에 대한 많은 경험을 쌓았습니다. 저희는 멘토링이 여성을 지원하는 데 유용한 도구가 될 수 있지만, 멘토와 멘토링 프로그램에서 최상의 효과를 얻으려면 선택적으로 활용해야 한다는 점을 배웠습니다.

모든 직원에게 멘토를 배정하고, 멘토와 멘티 양측을 잘 알지 못하는 중앙 부서에서 짝을 정해주는 방식의 획일적인 멘토링 프로그램은 성공 여부가 불확실한 경향이 있습니다. 이러한 관계는 종종 한두 번의 만남 이후 흐지부지되며 지속적인 혜택을 거의 창출하지 못합니다. 저희가 발견한 가장 효과적인 방식은, 관리자가 구체적인 목적을 염두에 두고 해당 특정 분야에 경험이 있는 멘토를 찾아 연결해 주는 것입니다.

멘토링은 특히 누군가 장기 휴가에서 복귀했을 때, 승진을 준비할 때, 새로운 기회를 모색할 때, 또는 특정 직무나 기술 분야의 전문성을 개발할 때 특히 도움이 될 수 있습니다. 관리자는 종종 조직 내 여성들에게 어떤 지원이 더 필요한지 파악하기 좋은 위치에 있으며, 직원들의 경험과 성격에 잘 맞는 사람과 짝을 맺어줄 수 있을 만큼 충분히 직원들을 잘 알고 있어야 합니다.

멘토에게도 이점이 있습니다. 특히 남성 관리자의 경우, 여성 직원을 멘토링하는 것이 조직 내 여성들의 경험을 이해하는 데 도움이 될 수 있습니다. 예를 들어, 스티븐은 한 여성 멘티가 직면한 어려움들을 극복하기 위한 전략을 함께 고민하는 과정에서, 자신의 팀 내 유사한 문제들에 대해 생각하고 그 해결 방안을 모색하게 되었다고 합니다. 사실상 멘토링은 양방향으로 작용합니다. 관리자는 자신보다 직급이 낮은 동료들의 삶에 대한 통찰력을 얻을 수 있으며, 이는 결과적으로 모두에게 더 나은 일터를 만드는 데 기여할 수 있습니다.

멘토링은 사람들의 소속감을 높이고 멘티가 직면한 특정 문제들을 헤쳐 나가도록 돕는 데 유용할 수 있지만, 연구에 따르면 여성이 고위 리더십 직책으로 승진하는 데에는 거의 영향을 미치지 못한다고 합니다.[4, 5] 경력 후원은 조직 내 고위직으로 발돋움하는 데 훨씬 더 효과적인 도구입니다.

경력 후원

멘토가 자신의 경험을 공유하고 조언을 제공하는 반면, 후원자는 보다 적극적인 역할을 수행합니다. 후원자는 당신이 없는 자리에서 당신을 위해 적극적으로 나서서 이야기해 주는 사람입니다. 그들은 다른 사람들에게 당신의 강점과 잠재력에 대해 이야기함으로써, 당신이 성장/개발 기회나 승진 기회를 얻거나, 혹은 미래의 고위직에 필요한 기술을 습득하는 데 도움이 될 수평적 이동 기회에 고려 대상에 포함되도록 지원합니다. 하나의 기회는 또 다른 기회로 이어지는 경향이 있으며, 후원자는 당신이 도전적인 역할에 적응하고 성공적으로 성장하도록 돕기 위해 존재합니다.

여성의 포용성 문제를 해결하기 위한 도구로서, 조직 내에서 자연스럽게 발생하는 소위 '어깨 톡톡 두드리기' 식의 기회 부여 방식에 스며드는 우연한 편견들에 대처하기 위해서는 명확한 목표와 면밀한 검토를 갖춘 공식적인 후원 제도가 필요합니다. 개별 여성 또는 소규모 여성 그룹을 위한 옹호자 역할을 할 고위급 후원자를 지정하는 것은, 여성들이 조직 내에서 성장하고 더 많은 여성이 고위 리더십 역할로 발전하도록 장애물을 제거하는 효과적인 방법임이 입증되었습니다. 이는 또한 중간 관리직으로의 승진을 위한 유용한 도구로서, 미래의 (고위직) 인력 풀을 키우는 데에도 기여합니다.[6]

경력 후원은 다음 세 가지 주요 이유 때문에 공식적인 비즈니스 프로세스로 진행될 때 가장 효과적입니다. 첫째, 수평적 이동 및 수직적 승진 기회를 파악하기 위해서는 조직 전체를 조망하는 시각이 필요하기 때문입니다. 둘째, 이를 전문적인 프로세스로 만들면, 특정 개인, 특히 젠더가 다른 개인에게 관심을 집중할 때 개인이 두려워할 수 있는 평판상의 위험이나 가십을 어느 정도 해소할 수 있기 때문입니다. 셋째,

경력 후원을 제대로 수행하려면 시간과 헌신, 그리고 훈련이 필요하기 때문입니다.

인력 관리자들은 누가 혜택을 받을 수 있을지 판단하기 위해 자신의 팀 내 인재를 식별해야 합니다. 그다음 후원자는 자신이 후원하는 개인(들)을 알아가는 데 시간을 투자하고, 어쩌면 다른 사람들이 그들에게서 보는 잠재력을 스스로 인식하도록 도울 필요가 있습니다. 훌륭한 후원자는 후원받는 사람과 협력하여, 도전적인 기회들이 어떤 모습일지에 대한 장기적인 로드맵을 만들고 시간이 지나면서 이를 업데이트할 것입니다. 이상적으로, 이러한 관계는 경력 로드맵에 명시된 여러 역할을 거치는 동안 지속되어야 합니다.

장시간 근무 문화 타파하기

장시간 근무 문화가 긍정적인 업무 성과로 이어지지 않는다는 증거가 점점 더 많이 나오고 있습니다.[7, 8] 실제로 연구에 따르면, 장시간 근무를 고수하는 회사나 산업 분야에서는 이러한 관행이 여성에게 추가적인 영향을 미쳐 해당 조직에서 여성이 성공할 가능성을 낮춘다고 합니다.[9, 10]

이러한 문화를 바꾸는 것은 어렵습니다. 많은 조직들은 장시간 근무를 자랑거리로 여기며, 변화 요구에 직면하면 종종 강하게 반발하곤 합니다. 그들은 장시간 근무 문화가 자신들의 성공 비결이라고 여기며, 근무 시간 단축이 업무 완수, 성과, 그리고 수익에 부정적인 영향을 미칠 것이라고 우려합니다.

관리자로서 당신이 그러한 문화 속에서 일하고 있으며 그것을 바꾸기 어렵다고 생각한다 해도, 여전히 당신이 할 수 있는 일들이 있습니다. 첫째, 장시간 근무를 규칙이 아닌 예외로 만듦으로써 모범을 보여야 합니다. 자신의 근무 관행에 대해 공개적으로 이야기하고, 직원들이 항상 엄격한 일정에 맞춰 일하기를 기대하지는 않는다는 점을 명확히 해야 합니다. 근무 시간 외에 이메일을 보내는 것은 모든 사람이 연중무휴 24시간 내내 일하기를 기대한다는 분명한 신호입니다. 만약 근무 시간 외에 이메일에 답장해야 한다면, 답장을 임시 저장해 두었다가 정규 근무 시간에 발송하는 것이 하나의 요령입니다. 다만, 팀원들에게 이메일 폭탄이 되지 않도록 모든 메일을 동시에 보내지는 마십시오.

마찬가지로, 휴가 등 자리를 비우는 경우, 팀과 계속 연락하거나 이메일, 문자, 또는 다른 메시지를 계속 보내지 마십시오. 첫째, 이는 팀원들을 신뢰하지 않는다는 메시지를 전달합니다. 둘째, 이는 당신의 상사에게 당신이 권한 위임을 제대로 하지 못하며, 당신 부재 시에도 팀이 효과적으로 작동하도록 팀 역량을 개발하지 못했음을 보여줍니다. 셋째, 이는 당신 자신도 제대로 된 휴식 시간을 갖지 못하고 있음을 의미하고, 조심하지 않으면 결국 신체적, 정신적 건강 문제로 이어질 수 있습니다.

시니어 관리자들이 장시간 근무 문화를 바꾸는 또 다른 방법은 '가시적인 퇴근'을 실천하는 것입니다. 뉴욕(New York)의 한 투자 은행에서 근무할 당시, 스티븐은 리먼 사태 이후 촉박한 규제 마감 시한을 맞춰야 하는 100명 이상의 글로벌 팀을 관리했습니다:

'저도 팀의 다른 많은 동료들처럼 회사 위험 관리 역량을 향상시키기 위해 열심히 일했고, 이는 필연적으로 장시간 근무로 이어졌습니다. 본업 외에 저는 스쿠버 다이빙을 매우 즐겼고, 스쿠버 다이빙 스쿨에서 강사 자격증 과정을 밟기 시작했습니다. 어느 목요일, 추가 연습을 위해 스쿠버 수업을 도와야 해서 그날 오후 5시에는 퇴근해야 했습니다. 이전에도 일찍 퇴근한 적은 있었지만, 그날은 스쿠버 장비를 챙겨가야 했기 때문에 달랐습니다. 장비가 너무 많아 거의 들고 가지 못할 정도여서 다른 사람들이 문을 열어줘야 했으니, 제가 퇴근한다는 사실은 매우 분명했습니다.

'다음 날, 제 시니어 팀 리더 중 한 명이 와서 말하더군요. 제가 그렇게 눈에 띄게 일찍 퇴근하는 모습을 보고 팀원들, 특히 몇몇 남성 팀원들이 자신에게 중요한 이유가 있다면 일찍 퇴근해도 된다는 암묵적인 허락을 받았다고 느꼈다는 겁니다. 제가 취미 활동 때문에 자리를 비운 것이 도움이 된 것 같기도 합니다. 취미가 충분히 좋은 이유가 된다면, 학교 운동회나 학예회 같은 이유도 당연히 괜찮을 테니까요. 이때 저는 일찍 퇴근하는 단순한 행동 하나가, 그것도 '요란하게' 했을 때, 그 정도의 파급 효과를 가질 수 있다는 것을 처음으로 이해했습니다.'

마지막으로 저희가 드리는 조언은, '사소한 일에 너무 얽매이지 말라'는 것입니다. 평상시에는 팀에게 충분한 재량권을 부여해야 합니다. 팀이 필요한 성과를 달성하고 있는지 확인할 수 있는 방법이 있다는 전제 하에, 긴급한 마감 시한이 없을 때는 직원들이 시간을 유연하게 사용할 수 있도록 해야 합니다.

의심할 여지 없이 팀에게 더 많은 것을 요구해야 할 때, 즉 늦게까지

남거나, 일찍 출근하거나, 주말에 근무하도록 요청해야 할 때가 있을 것입니다. 길고 힘든 근무 시간은 정말로 꼭 필요한 경우를 위해 아껴 두어야 합니다.

사례 연구: 건설 산업의 미래 엿보기[1]

건설 산업은 남성 중심적인 산업입니다. 그 이유 중 하나는 장시간 근무 문화이며, 특히 건설 현장 위치 때문에 팀원들의 출퇴근 시간이 길어지는 경우가 많아 문제가 더욱 심화됩니다. 윌모트 딕슨은 2030년까지 성별 균형 달성이라는 야심 찬 목표를 세운 건설 회사입니다. 장시간 근무 문화가 이 목표 달성에 장애물이 될 것임을 깨달은 후, 이 회사는 몇 가지 핵심 원칙에 기반한 '애자일 워킹'이라는 새로운 근무 방식을 시험 운영하고 있습니다.

이 원칙들에는 다음 내용들이 포함됩니다: 주당 최대 45시간까지만 현장 근무 허용 및 하루 2회 휴식 필수; 현장 전체적으로 모든 회의는 서서 진행하고 가능하면 몇 분 내로 마칠 것을 권장; 모든 직원이 함께 휴식을 취하며 이 시간 동안 업무 관련 대화 금지; 당일 마지막 회의는 오후 3시까지 종료하고 현장은 오후 5시까지 폐쇄. 이러한 제약 조건 내에서, 팀들은 주간 근무 시간을 유연하게 계획할 수 있었습니다.

이 새로운 접근 방식이 처음 시범 적용되었던 프로젝트에서는, 많은 팀 구성원들이 이 계획이 효과가 있을지 확신하지 못했고, 하루 일과가 끝나면 집에 가라는 말을 들어야만 퇴근할 정도였습니다. 하지만 팀은 인내심을 갖고 꾸준히 노력했습니다. 시간이 지나면서 변화는 자리를 잡았고, 그 혜택이 더 넓은 팀 전체에 분명해지기 시작했습니다.

현장 근무 시간이 제한되자, 사람들은 업무에 더 집중하게 되었습니다. 구조화된 주간 근무 시간 덕분에 사람들은 필요에 따라 일찍 퇴근하거나 늦게 출근할 수 있게 되었고, 이를 통해 돌봄 책임을 더 잘 수행하거나 통근 시간을 단축할 수 있었습니다. 프로젝트 자체도 더 원활하게 진행되어 7주나 일찍 완료되었으며, 건설환경 개선협회(Considerate Constructors Scheme)로부터 상을 받았습니다. 한편, 해당 프로젝트 관리자는 권위 있는 '올해의 건설 관리자상 (Construction Manager of the Year Awards)' 해당 부문에서 금메달을 수상했습니다. 이 새로운 애자일 워킹 방식은 이제 회사 내 다른 프로젝트들로 확대 적용되고 있습니다.

장기 휴직 관리

다음으로 장기 휴가 처리 문제로 넘어가 보겠습니다. 가장 흔한 예는 육아 휴직입니다. 상황이 서서히 변하여 더 많은 남성들이 더 긴 육아 휴직을 사용하고 심지어 부부 공동 육아 휴직을 쓰는 경우도 늘고 있지만, 여전히 출산 휴가는 여성의 경력에 영향을 미칩니다. 그렇기 때문에 관리자들이 이 문제를 다룰 때 사려 깊게 접근하는 것이 매우 중요합니다.[12]

첫째, 관리자들은 회사의 육아 휴직 관련 규정에 대한 최신 정보를 확실히 파악하고 있어야 합니다. 저희 경험상, 남성 관리자들은 회사의 정책 및 규정에 대한 이해가 부족한 경우가 드물지 않으며, 특히 국가별로 정책이 다른 경우가 많아 글로벌 관리자들의 경우 더욱 그렇습니다. 이러한 이해 부족의 결과로, 저희는 여성들로부터 '출산 휴가 대체 인력은 승진 자격이 없다'거나, '훨씬 더 적은 보너스에 만족해야 한다', 심지어 '보너스나 급여 인상 대상이 아니다'와 같은 말을 들었다는 제보를 여럿 받았습니다. 이 모든 내용은 회사 정책에 대한 잘못된 정보이거나 잘못된 해석이었습니다.

직원이 휴가에 들어가기 전에, 관리자가 휴가 중 정기적인 연락 방식에 대해 합의를 마련하는 것이 좋은 관행입니다. 이러한 합의가 상호 동의하에 이루어진다면, 휴가 중인 직원이 여전히 팀에 소속감을 느끼고, 현재 상황 및 프로젝트, 고객 관계, 업무 활동 등이 어떻게 진행되고 있는지 최신 정보를 파악하는 데 도움이 될 것입니다. 이러한 연락 방식은 반드시 유연해야 하며, 휴가 중인 직원이 정해진 회의 일정 등에 얽매여야 한다는 압박감을 느끼지 않도록 해야 합니다.

저희 경험상, 관리자들은 육아 휴직 중인 직원에게 연락하는 것에 대해 불필요하게 걱정하거나, 혹은 직원에게 온전한 휴식을 주는 것이 호의라고 생각할 수 있습니다. 하지만 휴가 중인 당사자는 종종 무슨 일이 일어나고 있는지 알고 싶어 하며, 연락이 단절되면 업무에 복귀할 때 훨씬 더 큰 어려움을 겪을 수 있습니다.

그 다음, 직원이 업무에 복귀하는 시점에는 관리자가 해당 직원과 솔직한 대화를 나눌 필요가 있습니다. 이 대화는 '이번 복귀가 당신에게 어떤 의미인가요?'와 같은 개방형 질문으로 시작하는 것이 좋습니다. 출장, 고객 접대, 근무 시간 및 장소 등을 어떻게 조율하기를 원하는지 물어보아야 합니다. 여기에는 정답이나 오답이 없습니다. 다만 관리자는 팀 구성원의 관점을 반드시 이해해야 합니다. 어떤 사람들에게는 당분간 개인적인 상황 관리가 업무보다 우선순위가 될 것임이 분명해질 것입니다. 다른 사람들은 육아 관련 준비가 되어 있어 휴가 전 떠났던 지점에서 바로 다시 시작할 수 있으며, 사소한 조정이나 유연성만 필요할 수도 있습니다. 이러한 대화는 일회성으로 끝나서는 안 되며 정기적으로 이루어져야 합니다. 대부분의 경우 시간이 지남에 따라 필요 사항이 변하고 근무 방식 조정이 필요할 수 있기 때문입니다.

마지막으로 고려할 사항은 해당 직원이 업무에 복귀할 때 추가적인 지원이 필요한지 여부입니다. 이는 특히 유럽(Europe)의 육아 휴직처럼 1년 또는 그 이상 지속될 수 있는 장기 휴가의 경우에 더욱 그렇습니다. 예를 들어 정보기술(IT) 산업이나 업무 수행에 필요한 애플리케이션과 도구가 빠르게 변화하는 직무의 경우, 복귀자가 빠르고 효과적으로 업무 속도에 맞출 수 있도록 추가적인 교육이나 지원 제공을 고려해야 합니다.

남성들의 육아 휴직 장려하기

더 많은 남성들이 육아 휴직을 사용하게 되면, 경쟁의 장을 평평하게 만들고 돌봄은 여성의 일이라는 관념에 도전하는 데 큰 도움이 될 것입니다. 많은 남성들이 육아 휴직을 원하면서도 실제로는 사용하지 못하는 경우가 많습니다.[13] 육아 휴직 사용 신청(opt in) 방식이 아니라,

사용하지 않겠다고 별도로 신청(opt out)해야 하는 기본값 방식으로 만드는 것이 휴직 사용률을 높이는 데 효과적인 것으로 나타났습니다.

몇몇 회사들은 여기서 한 걸음 더 나아가고 있습니다. 예를 들어 보험 회사인 아비바(Aviva)는 현재 모든 직원에게 젠더, 성적 지향, 또는 부모가 된 방식(출산, 입양, 대리 출산)에 관계없이 26주간의 동일 유급 육아 휴가(EPL, Equal Paid Parental Leave)를 제공합니다.[14] 이 회사는 더 광범위한 인재 관리 프로그램과 연계하여 장기 휴가 기간 동안 대체 인력을 확보하는 지원 정책을 갖추고 있습니다. 직원들은 휴가를 사용한다는 이유로 불이익을 받지 않을 것이라고 신뢰합니다. 이러한 변화의 결과, 아비바의 초보 아빠들은 평균 22주의 육아 휴직을 사용하며(EPL 제도 이전 평균 2주), 이들 중 32%는 복귀 후 유연 근무를 하고 있습니다.[15]

그 외 주의해야 할 행동들

흔히 발생하는 또 다른 문제는 관리자들이 출산 휴가에 대해 여성과 이야기하는 방식입니다. 특히 남성 관리자들은, 예를 들어 여성이 같은 역할로 복귀하지 않을 것이라고 가정하는 경우가 있습니다. '출산 휴가에서 돌아오면 어떤 일을 하실 건가요?'와 같이 겉보기에는 아무렇지 않은 질문이, 사실은 복귀 후 현재 하고 있는 일과 같은 일을 하지 않을 것이라는 가정을 드러내기도 합니다. 또 다른 예는, 해당 직원이 돌아오지 않을 것이라고 가정하고 출산 휴가를 떠날 때 마치 영원히 퇴사하는 것처럼 대하며, '그동안 정말 수고 많으셨습니다. 앞날에 행운이 있기를 바랍니다.'와 같은 말을 건네는 것입니다.

남성들은 또한 출산 휴가 전후의 여성에게 신체 사이즈 변화, 모유 수유, 호르몬 또는 건망증 등 모성 및 육아와 관련된 다른 개인적인 측면에 대해 언급함으로써 불편함을 느끼게 할 수도 있습니다. 긴 공백기 이후, 특히 어린 자녀를 돌봐야 하는 추가적인 부담이 있는 상황에서 업무에 복귀하는 것은 쉽지 않습니다. 따라서 관리자들은 이러한 발언들이 어떻게 받아들여질 수 있을지에 대해 민감하게 인식하고, 문제가 될 만한 발언이 나오는지 주의 깊게 살펴서 해결될 수 있도록 해야 합니다.

핵심 요약

최고위 리더들은 직원들에게 더 포용적인 관행을 탐색하고 실행할 공간과 시간을 허용함으로써 분위기를 조성할 수 있습니다. 하지만 실제로 조직 문화 변화를 가속화하고 내재화하는 동력실 역할을 하는 것은 중간 관리자들입니다. 이번 장에서는 바로 그 중간 관리자들이 변화를 만들어내기 위해 할 수 있는 핵심적인 사항들을 개략적으로 설명했습니다. 저희는 의사소통과 피드백 개선, 팀에게 근무 시간 및 장소에 대한 더 많은 통제권 부여, 그리고 경력 개발 촉진 등을 통해 포용적인 직장을 구축할 것을 제안했습니다.

이러한 변화를 실현하기 위해, 중간 관리자들은 스스로 배우고 다른 사람들의 참여를 유도할 시간이 필요합니다. 또한 그들은 HR(인사), 재무, 그리고 D&I 리더십 부서에서 수립한 정책과 절차의 지원도 필요로 합니다.

다음 장에서는 승진과 보상 문제를 다루겠습니다. 이러한 영역에서의 관행 변화는 조직 전체의 관리자들과 개인들을 지원하기 위해 최고위 경영진과 HR 리더십의 조치를 필요로 합니다.

7장

승진 및
보상 프로세스

이번 장에서는 조직에서 채택하고 있는 승진 및 보상 프로세스에 대해 논의하고자 합니다. 이러한 프로세스들은 조직 내 성공을 정의하는 데 매우 중요하며, 따라서 유색인종 여성을 포함한 여성들의 발전을 돕거나 저해할 수 있습니다. 저희는 이러한 프로세스들을 정의하고 실행하는 조직의 리더들에게 그 공정성을 보장하는 데 도움이 될 몇 가지 권장 사항을 제공하겠습니다. 또한, 다양한 직장을 만들기 위한 당신의 전략들이 효과적인지를 측정하는 방법에 대해서도 논의하겠습니다.

승진 프로세스

다시 문제 살펴보기

제1장에서 보고했듯이, 많은 조직에서 신입 직책에는 여성 수가 많지만, 중간 관리직에서의 비율에 비례하여 고위직으로 승진하지 못하고, 여전히 더 높은 직급에서는 큰 성별 불균형이 존재합니다.

왜 여성들은 승진하지 못하는 것일까요? 그리고 이 문제를 해결하기 위해 무엇을 할 수 있을까요? 다시 말씀드리지만, 저희가 이전 장들에서 다루었던 편견과 행동들이 작용하여 여성의 승진 기회에 영향을 미칩니다. 이번 장에서는 현재 이러한 프로세스들이 어떻게 작동하고 있다고 저희가 고려하는지, 그리고 이 프로세스를 어떻게 더 공정하게 만들 수 있는지에 대해 다루겠습니다.

먼저 승진 프로세스의 여러 요소들을 고려할 필요가 있습니다:

- 후보자 선발 및 추천 프로세스
- 승진 기준
- 승진 평가

승진 후보자 선정 프로세스

기업에서 승진 후보자가 추천되는 방식에는 크게 두 가지가 있습니다. 첫 번째는 공식적이든 비공식적이든 절차를 거쳐 본인 스스로 나서는 방식이고, 두 번째는 관리자에 의해 선정되는 방식입니다. 여러 연구에서 여성이 남성보다 더 위험 회피적이라는 주장이 제기되어 왔습니다. 저희는 이에 대한 일부 연구를 이전 장에서 자세히 다루었습니다. 따라서 여성이 남성보다 스스로 승진 후보로 나설 가능성이 낮다는 결론이 나옵니다.[1] 이는 저희 경험상으로도 확인된 바입니다.

저희는 스스로 준비가 되지 않았다고 생각했지만 관리자, 멘토, 또는 후원자의 추천으로 성공적으로 승진한 여성을 많이 보아왔습니다. 반면, 남성에게서 이러한 사례가 발생하는 경우는 상대적으로 드물었습니다. 최근 저희가 접한 한 조직에는, 승진 자격을 갖춘 것으로 고려되려면 개인이 적극적으로 '승진을 밀어붙이는' 모습을 보여야 한다는 비공식적인 방침이 있었습니다. 놀랍지 않게도, 이 조직에서는 여성이 남성보다 이러한 행동을 할 가능성이 훨씬 낮다는 사실을 발견했습니다.

후보자를 승진시키는 사람은 주로 관리자이며, 저희는 맥킨지 앤드 컴퍼니의 '직장 내 여성' 연구[2] 등과 같은 조사를 통해 관리자가 남성일 가능성이 더 높다는 점을 알고 있습니다. 불행하게도, 이러한 관리자들의 결정은 내집단 편향 또는 유사성 편향의 영향을 받기 쉬워, 의도치 않게 남성 후보자를 선호하게 만들어 그 결과 승진 추천을 받는 여성의 수를 줄어들게 할 수 있습니다.[3]

여성이 승진 후보로 추천되는 경우가 적은 또 다른 이유는 출산 휴가 관련 절차 및 회사 정책에 대한 (관리자의) 지식 부족 때문입니다. 저희는 관리자들이 출산 휴가 정책을 잘못 적용하여 여성을 승진에서 제외하는 다수의 사례를 보거나 들어왔습니다. 조직의 정책과 관행에서는 종종 육아 휴직을 이유로 직무나 승진 기회에서 불이익을 받아서는 안 된다고 명시하고 있습니다. 하지만 승진 정책에는 종종 '해당 직무에서 1년 이상 근무해야 함' 또는 '특정 수준에서 12개월간 일관된 성과를 내야 함'과 같이 이 원칙과 모순되는 요건들이 포함되어 있는 경우가 많습니다. 관리자들은 직원이 해당 기간 동안 연속적으로 근무하지 않았다면 출산 휴가 때문에 이 기준을 충족하지 못한다고 해석할 수 있으며, 이는 해당 직원이 1년, 혹은 자녀가 여럿일 경우 여러 해 동안 승진 기회를 놓치게 됨을 의미합니다.

많은 조직이 승진 대상자로 추천되는 여성이 너무 적은 문제를 해결하기 위해 리더십 교육을 활용하는 것을 보았습니다. 이러한 교육은 여성의 자신감을 높여 스스로 승진에 도전하도록 장려하는 것을 목표로 합니다. 저희 경험상 이는 분명 도움이 되지만, 근본적인 원인을 해결하지는 못합니다.

승진자 선발 과정을 개선하기 위한 저희의 권장 사항은 다음과 같습니다.

- 관리자의 잠재적 편견에 대응할 수 있도록 객관적인 선발 기준을 마련하십시오. 재직 기간 및 성과 등급과 같은 기준은 모든 잠재적 후보자를 파악하는 좋은 시작점입니다. 이는 관리자가 주관적 기준으로 후보를 선택하는 위험을 최소화하는 데 도움이 될 것입니다. 만약 자격이 충분함에도 추천되지 못하는 유력 후보자, 특히 소수 집단(under-represented groups)에 속한 인재가 있다면, 이 과정을 통해 이들을 파악하고 다음 단계로 나아가기 위해 무엇이 필요한지에 대한 논의를 촉발해야 합니다.
- 유연근무 및 장기 휴가가 승진 관련 규정에 어떻게 적용되는지에 대해 관리자에게 명확한 지침을 제공하십시오.
- 스스로 승진에 지원하는(혹은 추천을 원하는) 여성이 너무 적다면, 그 이유를 파악하기 위해 직접 대화해 보십시오. 다음 직급에서 예상되는 근무 시간 증가 때문인가요? 롤모델이 부족하기 때문인가요? 리더십 교육이 여기서 도움이 될 수 있지만, 조직이 해결해야 할 문제를 정확히 이해하기 위해서는 근본 원인을 파악하는 것이 중요합니다.

승진 기준

대부분 회사의 승진 기준은 고위 관리자들이 만듭니다. 그리고 대부분의 고위 관리자는 남성이므로, 승진 기준 역시 남성들의 선입견과 편견에 따라 구성될 가능성이 높습니다. 저희는 이러한 편견이 의도적이거나 명백하다고 말하려는 것은 아닙니다. 하지만 저희가 직무 기술서의 언어가 특정 젠더에게 더 매력적으로 어필하는 경향이 있음을 보았듯이, 승진 기준 역시 마찬가지입니다.

저희의 권장 사항은, 승진 기준을 정의하거나 업데이트할 때,

위원회(패널)가 균형을 이루도록 하고 실무자 역할을 하는 소수 집단 구성원들을 포함시켜야 한다는 것입니다. 예를 들어, 위원회의 관리자들이 대부분 백인 남성인데 소수 집단 출신 위원들은 HR(인사)이나 다른 경영 지원 부서 출신으로만 구성하는 것은 바람직하지 않습니다.

또 다른 고려 사항은 승진 기준에 다양성 개선에 대한 헌신과 리더십 발휘 여부가 반영되도록 보장하는 것입니다. 대부분의 회사가 다양성 개선의 중요성을 이야기하지만, 정작 승진 기준에서는 (특히 다양성 개선에 초점을 맞춘) 업무 외 활동이 그다지 큰 비중을 차지하지 못하는 경향이 있습니다. 승진 추천서 하단에 후보자가 수행한 추가 활동들을 기재하는 칸이 종종 있지만, 이것이 핵심 기준이 되는 경우는 드뭅니다.

이는 승진 기준이 조직의 다양성 개선 목표와 일치하지 않는다는 문제점을 의미하며, 해당 목표들의 중요성에 대해 혼란스러운 메시지를 전달합니다. 또한 이러한 명확성 부족은 다수의 남성 집단보다 소수 집단의 승진 기회에 더 큰 영향을 미칩니다. 저희 경험상 소수 집단이 이 영역(다양성 개선 활동)에서 더 많이 자원하는 경향이 있기 때문입니다.

승진 평가

후보자들이 승진 심사 위원회 단계에 도달하면, 편견이 거의 없을 것이라고 기대할 수도 있습니다. 대부분의 조직은 승진 후보자 선정을 중요한 절차로 간주하여 가장 똑똑하고 우수한 인재들을 승진 심사 위원회에 추천합니다. 저희 경험상 이러한 위원회는 잘 운영되고 편견 없이 진행되도록 의도되지만, 젠더 균형이 갖춰진 경우는 드물기 때문에 의도치 않은 편견이 승진 결정에 영향을 미칠 수 있습니다.

　주의 깊게 살펴봐야 할 미묘하게 편향된 행동에는 여러 유형이 있습니다: 첫째, 여성 후보자에 대해 더 면밀한 검토가 이루어지고 남성 후보자보다 논의가 더 길어지는 경향을 발견할 수 있습니다. 이는 위원회가 '거절할 이유'를 더 열심히 찾고 있음을 시사할 수 있습니다. 둘째, 기준이 일관된 수준으로 설정되지 않을 수 있습니다. 위원회 구성원들은 남성들이 과거 해당 기준을 충족하지 않고도 승진했음에도 불구하고, 여성 후보자에게는 기준을 충족하기 위해 특정 경험이 필요하다고 규정할 수 있습니다. 셋째, 유사한 역할에서 여성이 기여한 바에 대해 남성과 비교하여 다른 가정이 이루어지는 것을 발견할 수도 있습니다. 이는 동일한 기여라 할지라도 다르게 가중치가 부여될 수 있음을 의미합니다. 예를 들어, 남성이 완수한 핵심 프로젝트는 그의 관리 능력 덕분이라고 여겨지는 반면, 여성이 완수한 경우에는 그 성과가 그녀의 덕분인지 아니면 팀 덕분인지에 대한 질문이 제기될 수 있습니다. 이러한 편견은, 여성이 남성과 공동으로 학술 논문을 발표했을 때 남성 공동 저자보다 공로를 덜 인정받는다는 사실을 발견한 연구 결과로도 뒷받침됩니다.[4]

　승진 심사 위원회에서는 참여자들의 직급 때문에 이러한 문제들을 제기하기 어려운 경우가 많습니다. 저희가 효과를 보았던 한 가지 방법은, 위원회 구성원 중 최소 한 명에게 검토 과정에서의 젠더 편견이나 공정성 문제를 구체적으로 찾아내는 임무를 부여하는 것이었습니다. 예를 들어, 이 담당자는 후보자가 남성이었더라도 같은 질문을 했을지 확인하고, 각 후보자에게 할애된 시간과 검토 수준이 일관되었는지 살펴보며, 유사한 직책의 다른 동료들에 관한 질문들을 던지는 것입니다. 일부 회사에서는 이 담당자의 역할을 시각적으로 상징하기 위해 '레드 체어'를 사용하기도 합니다.[5]

공정한 승진 프로세스를 위한 실용적인 조언 요약

요약하자면, 승진 프로세스를 가능한 한 공정하게 만들기 위한 저희의 조언은 다음과 같습니다:

• 객관적인 기준에 의거하여 자동으로 승진 후보자를 지명하는 등 승진 시스템을 더욱 데이터 기반으로 만들어야 합니다.
• 장기 휴직을 사용한 직원의 승진과 관련한 정책이 명확하게 시행되도록 관리자에게 정기적인 교육을 실시해야 합니다.
• 승진 기준을 결정하는 위원들을 성별로 균형 있게 구성해야 합니다.
• 지명된 후보자들에 대한 데이터(예: 승진율, 재직연수, 누락 횟수, 고과 평가 등급 등의 통계자료-옮긴이)를 수집하여 승진 프로세스의 개선점과 문제점을 파악해야 합니다.(단 이러한 데이터는 모집단이 클 때만 유용합니다.)
• 승진 심사위원(승진 기준 결정/승진 채용)을 최대한 성별 균형을 맞추어 구성해야 합니다.
• 승진 심사위원 중에서 누군가를 지명하여 성차별 사례를 지적하도록 하여 승진 프로세스가 남성과 여성 모두에게 공정하게 적용되도록 해야 합니다.

보상

　D&I(다양성과 포용성) 노력을 저해하는 또 다른 요인은 보상 시스템입니다. 저희는 언젠가 한 투자 은행의 시니어 관리자로부터 이런 말을 들은 적이 있습니다: '올해 관리자들이 다양성 개선에 얼마나 기여했는지를 근거로 지급된 보상금은 단 1달러도 없다고 저는 주장합니다.'

　대부분의 민간 기업들은 직원들을 보상하는 방식에 있어 기술 기반 또는 성과 기반 요소를 가지고 있습니다. 일반적으로 연말에는 조직 내 개인들의 상대적인 성과를 평가하여 급여 인상 및 보너스나 주식과 같은 다른 형태의 보상을 결정하는 절차가 있습니다. 이러한 보상 접근법은 종종 '성과 기반' 보상 또는 '성과 연동 보상' 시스템으로 불립니다. 이는 관리자들이 자신과 조직이 가치 있게 여기는 행동과 성과에 대해 보상할 수 있도록 해줍니다. 하지만 저희는 몇 가지 의문점을 갖게 됩니다:

- 왜 기업들은 다양성 개선 성과에 대해 보상하지 않는가?
- 이러한 급여 책정 방식은 공정한가? 혹은 젠더 편견이 여성의 급여에 영향을 미치는가?

　첫 번째 질문에 답하려면 대기업에서 보상 프로세스가 어떻게 작동하는지를 알아야 합니다. 일반적으로 성과 기반 급여는 주로 직무의 핵심 기능(key function)에 의해 결정됩니다. 예를 들어, 영업 직원은 판매 목표를 달성했거나 초과했는지에 따라 급여를 받습니다. 기술 직무에서는 직원들이 주요 프로젝트에 기여한 정도에 따라 보상을 받는 경우가 많습니다. 일반적으로 말해서, 직무에 대한 급여는 회사의 매출이나 수익에 대한 기여도를 기준으로 책정됩니다.

한편 기업에서는 기업 차원의 리더십 역할과 같이 더 큰 조직에 혜택을 주는 기업 차원의 과업(corporate tasks)에 대해 보상하기 위해 소액의 보상금을 배정하기도 합니다. 하지만 다양성 개선 공로에 대해 보상하는 회사는 거의 없습니다. 다양성 목표를 설정하는 회사도 거의 없으며, 설정한다 하더라도 이는 팀이나 부서 차원보다는 전사적(corporate level) 차원에 국한되는 경향이 있습니다. 저희가 HR 및 법무팀의 많은 사람들과 이야기해 본 결과, 주된 이유는 이것이 여성을 채용하기 위한 할당제(quotas)로 해석되어 역차별로 이어질 수 있다는 우려 때문이라고 합니다. 이처럼 다양성 목표가 없기 때문에, 객관적인 측정 기준에 따라 다양성 개선에 대해 특정 보상을 배정하는 기업은 거의 보지 못했습니다. 결국 다양성 개선 자체만으로는 직접적으로 보상받지 못하는 것입니다.

다양성 개선이 조직 성과를 향상시킨다는 증거가 있다면, 왜 '성과 연동 보상' 시스템은 관리자들이 다양성을 개선하도록 독려하지 못하는 것일까요? 첫 번째 이유는 보상의 평가 기간과 관련이 있습니다. 대부분의 보상 검토는 지난 12개월간의 성과를 바탕으로 매년 이루어집니다. 하지만 조직이나 부서의 다양성을 개선하는 것은 단거리 경주가 아니라 마라톤과 같습니다.

예를 들어, 매년 인력의 10%가 교체되고 조직 내 여성 비율이 25%인 그룹이 있다고 가정해 봅시다. 만약 이 그룹이 여성 채용 비율을 25%에서

40%로 높일 수 있다면(이는 그 자체로 매우 인상적인 개선입니다), 여성과 남성의 이직률이 동일하다고 가정할 때 그룹의 다양성은 연간 단 1.36% 증가하는 데 그칠 것입니다. 따라서 개별 관리자들이 1년이라는 기간 안에 자신이 관리하는 팀의 다양성 측면에서 의미 있는 개선을 입증하기는 어렵습니다.

다양성 개선에 대한 개인의 기여가 보상과 연계되지 않는 두 번째 이유는, 다양성 활동으로 얻는 혜택이 일반적으로 특정 개인의 책임 영역에 집중되지 않기 때문입니다. 저희는 정책 검토, 뜻이 맞는 사람들의 네트워크 구축, 조직 내 포용성 개선, 더 나은 승진 경로 마련, 채용 프로세스 개선 등 여러 다른 영역들을 통해 다양성이 향상될 수 있다고 강조해 왔습니다. 이러한 모든 활동들은 조직 차원에서 광범위하게 분산되는 혜택을 창출합니다.

안타깝게도, 이는 대부분의 직원들이 다양성 관련 활동에 쏟는 시간이 그들의 성과 평가 시 고려되지 않을 것임을 의미하기도 합니다. 만약 직원들이 자신의 개별 역할과 관련된 좁은 범위의 기준으로만 평가받는다면, 자신의 본업에만 집중하고 더 큰 다양성 증진을 위해 노력하지 않는 개인이, 평가받지 않는 영역까지 노력을 확장한 동료보다 이러한 기준들에서 더 높은 점수를 받을 가능성이 높습니다. 그 결과, 대부분의 기업들은 조직 차원의 활동, 특히 다양성 개선에 집중하는 사람들에게 의도치 않게 더 적은 보상을 지급하게 되는 셈입니다.

이 점은 자신의 주 업무가 특정 사업 부문에 속하며 다양성 개선이 여러 목표 중 하나이거나 하나여야 하는 대다수 직원들에게 해당된다는 점에 유의하십시오. 조직 내 소수의 사람들은 다양성과 포용성 개선에만 초점을 맞춘 특정 역할을 담당하며, 이들은 해당 영역에서 자신이 만들어낸 영향력을 기준으로 보상받습니다. 하지만 다양성 개선은 조직 전체의 목표이며, 실질적인 개선을 이루려면 조직 구성원 대다수의 참여가 필요합니다. 바로 이것이 다양성 개선에 대한 인센티브가 보상 프로세스에 포함될 필요가 있는 이유입니다.

보다 포괄적인 접근 방식

일부 회사들은 실제로 다양성을 고려하는 평가 및 보상 프로세스를 갖추고 있습니다. 저희는 한 IT 기업과 승진 및 보상 관련 내부 프로세스에 도입한 혁신적인 아이디어들에 대해 이야기를 나누었으며, 다른 회사들도 이 사례에서 배울 점이 있을 것으로 생각합니다. 그 회사는 직원들을 대상으로 조직이 중요하게 생각하는 자질과 회사의 리더십 팀 및 관리자들에게 기대되는 자질이 무엇인지 묻는 설문조사를 실시했습니다. 그 결과 직원들이 회사에 기대하는 바와 문화 및 환경 측면에서 중요하게 여기는 가치들이 강조되었습니다. 여기에는 승진 프로세스의 공정성, 직원에 대한 존중, 다양한 리더십 팀 구성, 그리고 다양성이 존중받는 회사 등이 포함되었습니다.

대부분 회사의 직원들도 아마 비슷한 점들을 강조할 가능성이 높습니다. 하지만 이 회사는 이러한 자질들을 보상 및 평가 프로세스에 통합했습니다. 이 회사는 관리자가 자신의 직원들, 동료들, 그리고 직속 상사에 의해 해당 기준들에 따라 평가받고, 그 평가 결과가 순추천지수 (Net Promoter Score, NPS, 고객이 특정 기업, 제품 또는 서비스를 타인에게 얼마나 추천할 의향이 있는지를 측정하는 지표-옮긴이) 로 변환되는 360도 다면 평가 프로세스를 도입했습니다. 여기서 한 걸음 더 나아가, 이 NPS 점수를 조직 전체에 공개하고 보상 프로세스의 중요한 평가 요소로 삼았습니다. 보상의 3분의 2는 관리자가 자신의 직무 역할에서 얼마나 성과를 냈는지에 따라 결정되고, 나머지 3분의 1은 상대적인 NPS 점수에 기반합니다. 이 회사는 이러한 방식이 보상 프로세스를 회사의 가치와 일치시키는 효과적인 방법이라고 판단했습니다.

주목할 점은, 이 회사는 또한 다양한 리더십 팀과 실질적이고 규모가 큰 남성 관리자 동맹 그룹을 보유하고 있다는 것입니다. 이 회사의 리더십이 다양성과 포용성을 중요하게 여긴다는 점은 분명합니다. 이 회사의 포용성 워크숍을 이끄는 남성 중 한 명은 유럽(Europe) 지역의 시니어 영업 관리자이기도 합니다. 그는 더 포용적인 직장 환경을 만드는 데 들이는 시간이 자신의 영업 목표를 달성하는 것만큼이나 중요하다고 말합니다.

공정한 임금에 대한 고찰

임금이 공정한지 여부를 결정하는 것은 중요하면서도 많은 논란이 있는 또 다른 영역입니다. 저희 경험에 비추어 몇 가지 조언을 드리고자 합니다. 핵심 질문은 임금 공정성을 어떻게 평가할 것인가입니다.

흔히 사용되는 척도 중 하나는 해당 기업의 성별 임금 격차를 평가하는 것입니다. 기업들은 일반적으로 유사 직무 내 남성과 여성을 비교하고 근무지, 성과, 직급 및 기타 요인들을 조정한 '조정 성별 임금 격차'를 발표합니다. 이러한 측정 방식에 따르면 남성과 여성의 임금은 1~2% 내외의 차이로 거의 동일하게 나타나는 경우가 많습니다.

영국(UK)에서는 기업들이 여성과 남성의 평균 임금을 비교하는 '비조정 성별 임금 격차' 또한 의무적으로 발표해야 합니다. 영국 전체 관리자 및 전문직 종사자의 경우, 이 (비조정) 성별 임금 격차는 20%를 넘습니다.[6] 투자 은행과 같은 특정 산업에서는 그 격차가 더욱 커서, 일부 은행들은 40%가 넘는 성별 임금 격차를 보고하기도 합니다.[7]

이 두 가지 측정 방식 모두에는 결함이 있습니다. 조정 성별 임금 격차는 기업이 비교 방식을 정하는 데 있어 너무 많은 재량권을 허용하므로 실제로는 유용성이 떨어질 수 있습니다. 예를 들어, 이는 성과 순위나 직급처럼 조직 내 편견에 영향을 받기 쉬운 측정 기준에 의존하기 때문입니다. 현재 마이크로소프트 여성 직원들이 제기한 집단소송에서도 이러한 주장이 제기되고 있습니다.[8] 비조정 성별 임금 격차는 실제 평균 임금 격차를 보여주기는 하지만, 이는 주로 고위직 및 고임금 직책에서의 여성 부족 현실을 강조할 뿐, 남성과 여성이 동일한 직무에 대해 동일한 임금을 받는지를 측정하는 좋은 지표는 아닙니다.

저희가 업계에서 경험하며 배운 바에 따르면, 직급, 성과, 역할, 경험과 같은 객관적인 기준들은 임금 책정 시 편견의 일부를 줄이고, 전반적으로 보상 과정을 더 공정하게 만들며, 개별 관리자들이 사람마다 주관적인 결정을 내리는 데 덜 의존하게 만드는 유용한 도구들입니다. 평가 시에는 절대 임금액과 임금 인상률을 분리해서 고려해야 합니다.

이는 저희가 현저하게 낮은 임금을 받는 여성들(그리고 일부 남성들)을 종종 보아왔기 때문에 필요합니다. 임금 인상률 기반의 급여 프로세스는 이러한 사람들의 임금을 항상 시장 가치 수준까지 끌어올려 주지는 못하므로, 임금 불평등을 바로잡는 데 수년이 걸릴 수 있습니다. 이러한 유형의 임금 격차는 주로 해당 직원이 너무 낮은 초봉으로 채용되었거나, 휴가 등으로 인해 일부 기간만 근무하여 급여/보너스가 삭감된 후 다음 해에 완전히 원상 복구되지 않았을 때 발생합니다.

향후 몇 년 안에 저희는 임금 불평등 문제를 찾아내기 위한 데이터 분석 활용이 증가할 것으로 예상합니다. 이미 요인 분석을 통해, 젠더나 인종과 같이 임금과는 독립적이어야 할 요인들에 따라 급여가 어느 정도 달라지는지 알 수 있습니다. 머신러닝(기계 학습) 모델이 더욱 널리 보급되고 더 잘 이해됨에 따라, 이러한 모델들 역시 임금 공정성 평가에 사용될 것으로 기대합니다.

공정한 보상을 위한 실용적인 팁 요약

보상 프로세스가 다양성 강화라는 조직의 목표에 부합하도록 하기 위한 저희의 권장 사항은 다음과 같습니다.

- 보수 지급 기준을 검토하고 그것이 조직의 광범위한 목표를 어떻게 반영하는지 평가해야 합니다.
- 보수 기준이 현장에서 어떻게 적용되고 있는지 평가해야 합니다. 만약 다양성에 기여하는 사람에게 불이익이 가해진다면 기준을 변경해야 합니다.
- 관리자에 대한 NPS 점수를 만들어야 합니다. 비록 이사회를 포함한 사내

최고위층에서만 사용된다 하더라도 말입니다.

• 표준 보상 프로세스로는 해결할 수 없는 임금 불균형을 해소하기 위한 별도의 프로세스를 확보해야 합니다.

데이터가 있어야 행동한다

조직 내 모든 직급 계층에서의 소수 집단 대표성에 대한 지표를 수집하고, 이 정보를 리더 및 관리자들과 공유하는 것이 중요합니다. 이를 통해 그들은 소수 집단의 현재 대표성 현황을 이해하고 자신들의 다양성과 포용성 노력의 영향을 관찰할 수 있습니다. 많은 회사들이 이러한 지표들을 최고 경영진(C-suite) 외 다른 사람들과 공유하기를 주저하며, 이는 너무 많은 관리자들이 자신의 그룹이나 부서 내 대표성에 대한 정보가 부족함을 의미합니다.

이러한 지표들은 특정 집단이 과소 대표되는 영역을 명확히 보여줌으로써, 보다 표적화된 조치를 가능하게 합니다. 예를 들어, 어떤 팀의 전체 여성 비율은 괜찮거나 개선되고 있는 것처럼 보일 수 있지만, 조직 내 여러 다른 직급별로 세분화해서 보면 고위직에서의 여성 비율이 낮다는 것을 발견할 수 있습니다. 이는 해당 직급 바로 아래 단계에서 여성이 기대만큼 승진하지 못하고 있거나, 혹은 해당 직급에서 여성이 불균형적으로 많이 이탈하고 있다는 신호일 수 있습니다.

이러한 지표들은 또한 인재 검토 시에도 유용하며, 더 넓은 범위의 관리팀이 조직 내에서 성장 가능성이 있는 여성 인재들을 파악하는 데 도움을 줍니다. 그러면 관리팀은 소수 집단 구성원들에게 기회를 제공하는 조치를 취할 수 있습니다. 특히 해당 개인이 더 높은 역할로 이동할 준비가 되었거나 현재 역할이 그들에게 잘 맞지 않는 경우 더욱 그렇습니다.

때로는 지표가 없어도 팀 내 다양성 부족이 자명한 경우가 있습니다. 저희는 효과적으로 작용했던 변화의 기회를 포착한 사례를 직접 경험한 바 있습니다. 저희 회사의 한 캠퍼스 지점에서 여러 차례 고위직 인사 이동이 있은 후, 리더십 팀의 다양성이 심각하게 부족해지는 상황이 발생했습니다. 이 문제를 해결하기 위해, 해당 팀(개리(Gary)도 소속 멤버였습니다)은 각 직원 자원 그룹(ERG) 소속 인원들을 리더십 팀에 합류하도록 초청했습니다. 이들을 그룹 대표로서가 아니라 조직의 리더로서 기여하고 해당 지점의 프로그램과 정책 수립을 돕도록 하기 위함이었습니다.

이 접근 방식에는 많은 이점들이 있었습니다. 첫째, 이는 조직의 다양성을 더 잘 반영하는 변화를 만들겠다는 저희 리더십 팀의 공개적인 약속이었습니다. 둘째, 이는 차세대 리더들이 고위 리더십 활동에 참여할 기회를 창출했습니다. 마지막으로, 이는 내려지는 결정들이 조직 전체의 더 넓은 관점과 경험들을 반영하게 되었음을 의미했습니다.

핵심 요약

이전 장들에서 저희는 개인, 팀, 그리고 관리자가 조직 내 더 많은 여성을 채용하고 유지하며 성장시키기 위해 무엇을 할 수 있는지 살펴보았습니다. 이번 장의 핵심적인 내용은 시니어 리더들이 장기적인 변화를 정착시키기 위해 반드시 취해야 할 단계들에 관한 것입니다.

첫째, 승진 프로세스는 공정해야 하며, 조직 전체로부터 공정하다고 인정받아야 합니다. 저희가 이야기를 나누었던 많은 기업의 직원들은 이 프로세스가 문제라고 자주 지적했습니다. 저희는 프로세스에 대한 전 과정 검토를 진행하고, 그 접근 방식과 이루어진 모든 변경 사항에 대해 전체 직원에게 투명하고 명확하게 소통하시기를 권장합니다.

둘째, 조직이 포용적인 가치를 지키고 보상한다는 것을 보여주는 보상 프로세스의 변화는, 전체 인력에 걸쳐 포용적인 관행을 가속화하여 조직 문화에 있어 상전벽해와 같은 변화를 가져올 것입니다.

8장

앞으로 나아갈 길: 변화를 위한 선언문

소수 집단 구성원들의 경력 성과를 개선하기 위한 활동이나 프로그램들이 최근 몇 년간 기하급수적으로 증가했습니다. 다양성과 포용성 활동 계획에 참여하는 저희 대부분은 직장 내 여성들의 상황이 개선되고 있다고 진심으로 믿습니다. 하지만, 와, 정말이지 너무 오랜 시간이 걸리고 있습니다. 왜 그럴까요?

저희의 경험과 연구에 따르면, 이는 여러 요인들이 복합적으로 작용한 결과로 보입니다. 여기에는 고등 교육에서 STEM 과목을 이수하는 여성의 부족, 여성이 가정 내 무급 노동의 불균형적으로 많은 부분을 계속 부담하는 현실, 채용 및 승진 결정에 영향을 미치는 조직 내 편견, 그리고 마지막으로 다양성에 대한 집중적인 투자의 부족 등이 포함됩니다.

이 마지막 장에서는, 향후 10년간 조직들이 어디에 초점을 맞춰야 하는지에 대해 설명하고자 합니다. 더 포용적인 문화는 미래 조직의 성공을 위한 근본적인 요소가 될 것입니다. 다양성과 포용성에 대한 지출은 더 이상 선택적이거나 재량적인 비용으로 간주될 수 없으며, 재무, 리스크 관리, 또는 영업 및 마케팅만큼이나 조직 전략에 있어 매우 중요합니다.

조직들은 직원 참여와 동기부여가 장기적인 성공의 핵심이라는 사실을 오래전부터 알고 있었지만, 여전히 직원들로부터 최상의 역량을 이끌어내는 데 필요한 수준만큼 투자하기를 주저하곤 합니다. 이러한 상황은 변화해야 합니다. 따라서 저희는 다음과 같은 사항들을 권장합니다:

가치중심 접근법

　포용성과 다양성을 개선하는 것은 어렵고 지속적인 노력이 필요한 일입니다. 이러한 개선을 이루기 위해서는 조직 전체의 참여를 유도하는 것이 중요하므로, 이를 위한 방법을 찾는 것이 전략의 핵심적인 부분입니다.

　이러한 노력은 조직의 목적과 가치를 명확히 설명하는 것에서 시작해야 합니다. 이 목적과 가치를 재정립하고 직원들이 자신에게 중요한 가치가 무엇인지 파악하는 과정에 목소리를 낼 기회를 제공하는 것을 고려해 볼 가치가 있습니다. 모든 구성원이 이러한 가치 수립에 기여한다면, 그 가치에 대한 공감대와 믿음은 더욱 강화될 것입니다. 일단 이러한 가치들이 설정되면, 모든 인력 및 공동체 관련 프로그램들은 이 가치들에 부합해야 합니다. 다음 주제들과 관련된 모든 프로그램들이 전반적인 가치 중심 접근법의 일부를 형성할 수 있습니다:

- 다양성과 포용성
- 직원 자원 그룹(ERG) (맞벌이 가정, 신경다양성[neuro-diversity, 사람들의 뇌가 작동하는 방식이 다름을 인정하고 존중하는 개념-옮긴이] 그룹 등 모든 소수 집단 포함)
- 건강과 웰빙 (신체적, 정신적, 재정적)
- 자선 활동
- 자원봉사 및 지역사회 지원
- 지속가능성
- 직원 참여 (사교, 축하, 감사 활동)

대규모 조직의 많은 직원들은 고용주가 수행하는 온갖 좋은 활동들에 대해 단절되고 산발적인 정보 공세에 시달리는 경우가 많습니다. 직원들은 이 모든 활동에 참여할 시간이 없습니다. 이 모든 것을 하나로 묶어 직원에게 '당신도 이 노력의 일부입니다'라고 말하는 것이 명확성을 부여합니다. 다시 말해, 다음과 같이 전달하는 것입니다: '당신은 우리의 가치를 선택했습니다. 이제 어디에 참여하고 싶은지 선택하십시오. 포용성 활동일 수도 있고, 자원봉사, 지속가능성 활동, 혹은 이 모든 것일 수도 있습니다. 하지만 우리의 공유된 가치가 중요하며, 당신이 도울 수 있는 방법이 바로 이것입니다.' 이렇게 명확한 메시지는 직원들의 참여를 훨씬 더 용이하게 만듭니다.

직원 자원 그룹(Employee Resource Groups, ERG)

가치 중심 접근법은 직원 자원 그룹(ERG)에도 시사하는 바가 있습니다. 어떤 측면에서 보면, 이 그룹들은 조직에 필수적입니다. 공통의 배경과 경험을 가진 사람들이 함께 모여 그러한 경험들을 논의하고 직장 생활을 헤쳐나가는 데 서로 지원할 수 있다는 점이 매우 중요합니다. 사람들은 조직 내에 자신과 비슷한 다른 사람들이 존재한다는 느낌을 받고 싶어 합니다. 이러한 포럼은 조직 전반에 걸쳐 더 폭넓은 롤 모델들을 조명하고, 소수 집단에게 회사를 홍보하며, 정책 및 절차 변경에 대한 그들의 의견을 반영할 통로를 제공하는 귀중한 방법입니다.

많은 조직들이 겪는 문제점 중 하나는, 다양성과 포용성에 대한 조직의 약속 관련 메시지들이 결국 여러 소규모 그룹들에 분산되어 전달될 수 있다는 점입니다. 이 그룹들은 자연스럽게 고립되어 다수 집단과 분리될 수 있으므로, 다수 집단이 이러한 그룹들의 경험을 이해하도록 돕는 데 초점을 맞출 필요가 있습니다. 이는 또한 이 그룹들의 소속감 및 그에 따른 성과에 중요한 사안들이 회사 인력의 상당수에게 제대로 전달되지 않고 있음을 의미합니다.

따라서 이 그룹들은 위에서 설명한 포괄적인 가치 중심 접근법과 방향을 같이 할 필요가 있습니다. 투자 및 조직 운영 결정 시 이들 그룹을 고려하는 것이 매우 중요합니다.

적절한 투자

다양성과 포용성 노력이 실질적인 변화를 만들어내려면 적절한 투자가 필요합니다. 하지만 많은 기업들이 바로 이 지점에서 잘못을 저지르곤 합니다. 안타깝게도, 이 분야에는 값싼 지름길이란 없습니다. 기업은 다양성과 포용성 전략이 성공하기 위해 정확히 어떤 투자가 필요한지 완전히 이해해야 합니다. 이는 단순히 금전적인 측면뿐만 아니라 시간적인 측면도 포함합니다. 특히 이미 시간이 부족한 시니어 임원들에 대한 교육에 더 많은 시간을 투자해야 합니다. 이러한 투자는 그만한 가치가 있습니다. 다양성과 포용성, 그리고 이것이 촉진하는 직원 참여 증대가 결국 회사의 순이익을 상당히 개선한다는 사실이 수많은 연구를 통해 거듭 입증되었기 때문입니다.[1]

모든 관련 활동들을 가치 중심 접근법이라는 하나의 틀 아래 정렬하여 통합하면, 노력의 분산을 막고, 초점을 명확히 하며, 효율성을 가져올 수 있습니다. 다양성과 포용성은, 그 성공 여부가 소수의 선의를 가진 직원들이 재량껏 기울이는 노력 수준에 좌우되는, 책상 한 켠에 놓인 부차적인 일처럼 취급되어서는 안 됩니다. 이는 회사의 다른 어떤 전략 프로그램과 마찬가지로 다루어져야 합니다.

이러한 가치 중심 프로그램 역시 다른 모든 주요 업무 프로그램과 마찬가지로 동일한 수준의 조직 운영, 통제, 검토, 그리고 정기적인 평가가 필요할 것입니다. 변화는 기술, 경제 현실, 사회·정치적 변화에 의해 추동되므로, 지속적인 재투자 또한 필요할 것입니다. 긴축 재정 시기에도, 이 전략적 필수 요소는 반드시 잘 보호되어야 합니다. 동기부여되고 참여도 높은 인력이야말로 성공적인 조직을 위한 최우선 순위로 남아 있어야 하기 때문입니다.

직원 경험

직원에 대한 지속적인 관심은 조직 성공의 핵심이 될 것입니다. 가능한 모든 경우에, 직원과 직장 간의 상호작용은 긍정적이어야 합니다. 직원의 행복이 상업적 성공에 매우 중요하다면, 직원들이 자신의 업무를 쉽게 수행하도록 만드는 것 또한 마찬가지로 중요합니다. 직원의 행복, 포용성, 그리고 참여도를 측정하는 것은 손익이나 주주 수익률만큼이나 중요한 지표입니다.

협업과 지속적인 학습

코로나19(Covid-19) 팬데믹에서 얻은 가장 중요한 교훈 중 하나는 아무도 이에 제대로 대비하지 못했다는 점입니다. 일부 기업에는 팬데믹 대응 계획이 있었지만, 실제 실행된 내용과는 다른 경우가 많았습니다. 예를 들어, 많은 기업들이 즉시 사용 가능한 표준 화상 회의 기술을 갖추고 있지 않았고 팬데믹 계획에서 이를 고려하지 못했습니다. 이로 인해 줌(Zoom), 팀즈(Teams) 및 유사 도구들을 서둘러 도입하게 되었고, 많은 직원들이 새로운 기술에 익숙해지는 데 어려움을 겪었습니다.

그렇게 많은 사람들이 원격 근무를 하게 되면서 전통적인 하향식 명령 및 통제 시스템은 관리하기가 훨씬 더 어려워졌습니다. 이는 곧 많은 의사 결정이 팀 자체로 이관되어야 함을 의미했습니다. 결과적으로 이는 팀들이 새로운 기술(역량)을 배우는 계기가 되었으며, 이는 긍정적인 발전이라고 할 수 있습니다. 빠르게 변화하는 새로운 일의 세계에서 성공하는 기업들은, 특히 위기 상황에서 의사 결정이 신속하게 실행될 수 있는 곳으로 그 권한을 위임해야 할 것입니다.

위기 상황에서 가장 중요한 것은 사람들과 팀이 얼마나 빨리 학습할 수 있느냐입니다. 그들은 진화하고 접근 방식을 변경해야 할 것입니다. 이를 성공적으로 수행하려면, 평소 함께 배우는 연습에 익숙해야 합니다. 또한 다양한 소통 방식을 활용하여 원격으로 효과적인 협업을 하는 데에도 익숙해야 합니다. 사람들은 열린 마음을 갖고 세상과 주변 사람들에 대해 호기심을 가져야 합니다.

이는 저희를 다시 다양성과 포용성이라는 주제로 돌아오게 합니다. 저희는 다양성이 사고의 깊이를 가능하게 하여, 우리가 현재 어디에 있는지 그리고 가능한 미래가 어떤 모습일지에 대한 더 나은 관점을 이끌어낼 수 있음을 알고 있습니다. 포용적인 접근 방식은 이러한 다양한 견해들을 하나로 모으고 사람들이 이를 공유할 수 있는 환경을 만드는 데 도움을 줍니다. 호기심 있는 마음가짐과 개방적인 태도, 그리고 어려운 대화에 기꺼이 참여하려는 의지는 사람들이 배우도록 돕는 핵심입니다.

코로나19(Covid-19)로 세상이 뒤집혔을 때, 다양성이 얼마나 중요하고 가치 있는지가 분명해졌습니다. 조직들은 갑자기 새로운 종류의 도전 과제들에 직면했고, 빠르게 혁신해야 할 필요가 있었습니다. 많은 연구에서 다양성이 혁신을 증대시킨다는 사실이 밝혀졌으므로, 더 다양한 기업들이 팬데믹 상황에서 더 잘 헤쳐나갔을 것으로 예상됩니다. 물론 연구를 통해 이를 확인하기까지는 시간이 좀 걸릴 것입니다.[2]

점점 더 복잡해지는 세상에서 어떤 개인도 모든 해답을 알 수 없으며 새로운 아이디어는 집단 지성을 통해 창출되어야 하기에, 바로 이 지속적인 학습 능력이야말로 팀(그리고 조직)을 차별화하는 요소가 될 것입니다. 마이크로소프트 CEO인 사티아 나델라의 말을 빌리자면, '이제 '모든 것을 아는 사람(know-it-alls)'에서 '모든 것을 배우는 사람(learn-it-alls)'으로 나아가야 할 때'입니다.[3]

미래의 기술(역량)

인간은 놀라운 유기체입니다. 인공 지능(AI) 및 기타 신기술들이 수많은 일자리를 없앨 것이라는 우려가 널리 퍼져 있지만, 역사적 관점에서 볼 때 인간은 자신의 직업 생활에서 계속 보람과 의미를 찾기 위해 필요한 새로운 기술들을 배우고 적응해 나갈 것입니다.

그렇다면 저희가 이야기하는 기술은 어떤 종류일까요? 이것이 전부는 아니지만, 몇 가지 예를 들어보겠습니다:

- 소통 능력
- 창의성
- 기술 역량 (코딩, 스크립팅 등)
- 데이터 분석 능력
- 혁신 역량
- 정서 지능
- 정직성/성실성
- 민첩성
- 적응력
- 호기심
- 공감 능력
- 회복탄력성
- 학습과 연습에 대한 집중
- 인지적 다양성
- 포용성

- 겸손

 이들 중 일부는 (엄밀히 말해) 기술이라기보다는 행동입니다. 하지만 이러한 행동들은 기업들이 점점 더 중요하게 찾는 기술(역량)로 간주될 것입니다. 실제로 일부 기업들은 이미 전통적인 기술 역량보다는 지원자의 가치와 행동을 기준으로 채용하고 있습니다.

 저희 경험상, 직장에서 다양성과 포용성을 수용하는 사람들은 이 목록에 있는 기술(역량)들을 개발할 가능성이 훨씬 더 높습니다. 이는 그들이 어려운 대화에 익숙해지기 시작하고 다른 사람들의 실제 경험에 대해 더 많이 알아야 할 필요성을 깨닫기 때문입니다. 이를 위해서는 더 큰 겸손과 더 많은 호기심이 요구되며, 이는 결국 새로운 아이디어 개발로 이어질 것입니다.

 기업들은 팀이 새로운 기술을 배우도록 돕거나, 더 중요하게는 지속적인 학습 문화를 내재화하는 방법을 배우도록 도울 수 있는 코치를 배치하는 방안을 검토해야 합니다. 팀이 스스로에게 질문하고, 문제 해결 방법을 탐색하며, 새롭고 혁신적인 업무 방식을 창출하도록 도울 수 있는 코치는, 특히 팀이 일상적인 업무 부담에 쉽게 압도될 때 핵심적인 역할을 할 수 있습니다.

 포용성과 관련하여, 코치는 팀이 누군가가 다른 사람을 불편하게 만드는 말이나 행동을 했을 때 어떻게 대처해야 하는지, 자신이 지적받았을 때는 어떻게 해야 하는지, 그리고 젠더 기반 언어의 함정을 피하는 방법 등을 연습하도록 도울 수 있습니다. 또한 코치는 저희가 앞서 살펴본 성과 검토 및 승진 프로세스와 관련된 포용적 실천 방안들을 팀이 실행하도록 지도할 수 있습니다. 코칭은 또한 (우리 모두가 그렇듯) 팀이 실수를 저질렀을 때, 지침 없이 관리자가 문제를 HR 부서로 가져가기 전에 그 실수로부터 배우도록 도울 수 있습니다.

핵심 요약

조직이 문화 변화에 영향을 미치기 위해 사용할 수 있는 지렛대는 여러 가지가 있습니다. 더 포용적인 직장이 되기 위해서는, 이 모든 지렛대들을 고려하고, 우선순위를 정하고, 실행하고, 성찰하고, 다시 실행하는 과정이 필요합니다. 이 모든 아이디어들이 모든 조직에 다 적용될 수 있는 것은 아니겠지만, 회사 내 모든 구성원의 지지와 헌신이 수반되지 않는한 변화에는 오랜 시간이 걸릴 것입니다. 모든 조직은 자신들의 업무 관행과 정책들을 면밀히 살펴보고, 포용적인 팀을 개발하고 구축하며 관리자들이 변화를 실행하도록 동기를 부여하는 방향으로 조정해야 합니다.

따라서 저희의 마지막 핵심 내용들은 지시적이거나 실용적인 방식보다는, 성찰에 관한 것, 조직의 책무성 수용에 관한 것, 그리고 포용성을 어떻게 전략적 필수 과제로 만들지를 고려하는 데 관한 것입니다. 다른 모든 유사한 비즈니스 핵심 활동에 투자하듯이 포용성에도 투자하는 것입니다. 이것이 선택 사항이 아니라 조직 존재 이유의 일부라는 선택을 하는 것입니다. 이는 단지 옳은 일일 뿐만 아니라, 올바른 전략적 결정입니다. 저희는 당신이 후회하지 않을 것이라고 확신합니다.

이 책을 즐겁게 읽으셨기를 바랍니다. 또한, 몇 가지 유용한 점들도 배우셨기를 희망합니다. 무엇보다 이 책을 통해 독자 여러분이 얻어 가시기를 바라는 가장 중요한 점은, 그것이 아무리 작은 실천일지라도 행동으로 옮기고자 하는 열망입니다. 여러분이 어떤 직위에 계시든, 현재 자리에서 직장을 더욱 포용적인 곳으로 만들기 위해 할 수 있는 일이 많습니다. 팀을 관리하는 매니저라면, 이 책에서 소개된 여러 아이디어를 팀에 적용해 볼 수 있을 것입니다. 스스로를 리더라고 생각하신다면, 이러한 변화 중 일부라도 조직 내에 실행해 주시기를 부탁드립니다.

이 책에서 다룬 주제에 대해 공유하고 싶은 생각이나 아이디어가 있다면 저희에게 알려주십시오. 기꺼이 경청하겠습니다. 처음에 말씀드렸듯이, 저희 또한 여전히 배우고 있는 과정에 있습니다.

저희의 여정에 도움을 주신 모든 분께 진심으로 큰 감사를 드립니다. 수많은 공감의 목소리, 귀 기울여 들어주신 분들, 저희가 실수했을 때 기꺼이 지적해주신 분들, 그리고 계속 나아가라고 격려해주신 진정으로 열정적인 지지자분들께 깊이 감사드립니다. 또한, 크나큰 인내와 겸손으로 저희를 가르쳐주신 분들께는 그 은혜를 평생 잊지 않겠습니다.

마지막으로, 독자 여러분 모두가 개개인으로서 이 주제의 중요성을 단순히 알고 이해하는 것을 넘어 진심으로 느끼게 되셨기를, 그리고 이러한 변화에 동참하고 그 일부가 되기를 원하게 되셨기를 바랍니다. 다양성 행사에 한 번도 참여해 본 적 없는 남성이라면, 지금이 바로 참여할 때입니다. 아무것도 변하지 않을 것이라고 느꼈던 여성이라면, 이제 변화가 가능하다고 믿을 때입니다. 모든 분들에게, 지금은 다르게 일하고 다르게 살아가기 시작할 때입니다. 만약 저희의 도움이 필요하시다면, 기꺼이 여러분과 이야기 나눌 의향이 있습니다.

여러분 모두 '사고는 일어나기 마련이다'라는 말을 들어 보셨을 것입니다. 저희는 힘든 과정을 통해 배우게 된 '우연한 성차별주의자들'입니다. 만약 이 책이 그러한 '사고들'의 발생 가능성을 조금이라도 낮추고, 더 나아가 그 끔찍한 결과들 중 몇 가지라도 막을 수 있다면, 저희는 작은 방식으로나마 무언가를 성취한 셈일 것입니다.

저희가 배운 모든 것을 좋은 목적에 사용하고자 하는 마음으로, 저희 저자들은 뜻을 같이하는 여러 동료들과 함께 '맨포인클루전(Men for Inclusion)'이라는 컨설팅 회사를 시작했습니다. 저희는 남성 동맹 프로그램 구축에 대한 조언, 우연한 성차별을 발견하는 데 도움이 되는 '다양성 대화', 그리고 문제 제기 방법 및 행동과 문화 변화 방법에 대한 워크숍 등을 제공합니다. 저희 웹사이트 주소는 www.menforinclusion.com/the-accidental-sexist/ 입니다.

유용한 자료

남성 동맹 참여 유도

- Criado-Perez, C, Invisible Women, Vintage Publishing, 2019
- Krivkovich, A et al, 'Women in the workplace 2020', McKinsey and Company, 2020, www.mckinsey.com/ featured-insights/diversity-and-inclusion/women in-the-workplace

변화 주체로서의 남성

- Armstrong, J and Ghaboos, J, 'Women collaborating with men: Everyday workplace inclusion',Murray
- Edwards College, 2019, www.murrayedwards. cam.ac.uk/sites/default/files/files/Everyday%20 Workplace%20Inclusion_FINAL.pdf
- Flood, M and Russell, G, 'Men make a difference: How to engage men on gender equality', Diversity Council Australia, 2017, www.dca.org.au/research/project/engaging-men-gender-equality?
- Prime, J and Moss-Racusin, CA, 'Report: Engag ing men in gender initiatives', Catalyst, 2009, www. catalyst.org/research/engaging-men-in-gender- initiatives-what-change-agents-need-to-know

남성 동맹 워크숍 활용 자료

- Kimmel, M, 'Why gender equality is good for every one – men included', TED Talk, 2015, www.ted.com/ talks/michael_kimmel_why_gender_equality_is_ good_for_everyone_men_included?language=en
- Tinsley, CH and Ely, RJ, 'What most people get wrong about men and women', Harvard Business Review, 2018, https://hbr.org/2018/05/what-most-people get-wrong-about-men-and-women

변화를 만드는 방법

채용 및 승진 프로세스

- Bohnet, I, What Works: Gender equality by design, Harvard University Press, 2016

개인의 행동 변화

- Anderson, RH, We: Men, women, and the decisive formula for winning at work, John Wiley and Sons, 2018
- Catlin, K, Better Allies, Better Allies Press, 2019

참고자료

본 서는 지속가능한 출판과 자원 절약을 위해 참고문헌 목록을 QR 코드로 안내합니다. QR 코드를 통해 연관 웹사이트에 접속하시면, 최신 정보를 포함한 관련 내용을 더욱 풍부하고 편리하게 확인하실 수 있습니다.

감사 인사

저자들은 이 책을 집필하기 전과 집필하는 동안 아낌없는 지지를 보내준 가족들에게 감사를 표합니다. 여러분은 저희가 하는 모든 일에 길잡이가 되어 주었으며, 여러분 없이는 이 책이 결코 나올 수 없었을 것입니다.

또한 저희가 하는 일을 통해 의미 있는 변화를 만들도록 수년간 끊임없이 격려해 준 모든 동료와 친구들에게도 감사합니다. 이 책에서도 말했듯이, 이 여정은 단거리 경주가 아니라 마라톤이며, 여러분의 지지가 저희를 계속 나아가게 했습니다. 여러분의 인내와 통찰력은 저희가 실수했을 때 큰 힘이 되었고, 직장 내 모든 사람에게 더 나은 동맹이 되기 위해 계속 노력하도록 이끌어 주었습니다.

마지막으로, 이 책이 세상에 나올 수 있도록 도와주신 루시(Lucy), 로저(Roger), 케이트(Kate), 애비(Abi) 그리고 Rethink 팀 모든 분께 감사합니다. 여러분 덕분에 저희의 다양한 목소리가 조화롭게 하나로 합쳐질 수 있었습니다.

저자 소개

Gary Ford
개리 포드

개리 포드는 IT 분야에서 35년 이상의 경력을 가지고 있습니다. 그는 미국계 대형 금융 서비스 회사에서 매니징 디렉터로 근무하며 다수의 전사적 IT 프로그램을 관리했습니다.

10년 이상 기업 환경에서 성평등과 다양성 및 포용성을 옹호해 온 경험을 바탕으로, 2021년 마크 프리드(Mark Freed)와 함께 '맨포인클루전(Men for Inclusion)'을 공동 설립했습니다. 이 단체는 기업들이 다양성과 포용성 활동에 남성 구성원들을 참여시키도록 돕는 데 중점을 둡니다. 이들의 혁신적인 변화 프로그램인 ADUCE는 현재 50개 이상의 글로벌 기업에 도입되었습니다.

2023년에는 대한민국 서울에서 열린 유엔여성기구 지식·파트너십 센터(UN Women Knowledge & Partnerships Centre in the Republic of Korea) 창립 기념 대화에 연사로 초청받았습니다. 해당 세션의 긍정적인 반응에 힘입어, 2024년 UN 여성 컨퍼런스에서 시니어 리더들을 대상으로 기조 강연과 50명 이상의 참가자를 위한 90분 워크숍을 진행했습니다.

그는 'Women On The Wharf'의 남성 동맹 자문위원을 역임했으며, WeAreTheCity 라이징 스타상 '성 균형을 위한 남성' 부문 수상자이고, BBC 라디오 4 'Woman's Hour'에 출연하여 동맹 활동(allyship)에 대해 이야기하기도 했습니다.

저자 소개

Stephen Koch
스티븐 코크

스티븐 코크는 여러 주요 금융 서비스 회사에서 27년간 투자 은행 IT 분야 경력을 쌓았습니다. 그는 경력의 대부분을 리스크 관리 시스템 구축과 글로벌 기술 개발팀 관리에 쏟았으며, 2011년 매니징 디렉터로 승진했습니다. 2020년 11월부터는 영국 국민보건서비스(NHS England)에서 엔지니어링 책임자로 근무하고 있습니다.

개리 포드 & 스티븐 코크

개리와 스티븐은 같은 미국계 대형 금융 서비스 회사에서 근무하며 기술 분야 여성을 위한 사내 남성 동맹 프로그램을 공동 설립했습니다. 그들은 함께 이 네트워크를 소규모 그룹에서 시작하여 기술 분야를 넘어 회사 전체를 지원하는 전사적 프로그램으로 성장시켰습니다. 동맹 워크숍은 6개국 5,000명 이상을 대상으로 진행되었습니다.

저자 소개

Dr. Jill Armstrong
질 암스트롱 박사

질 암스트롱 박사는 2016년부터 2020년까지 케임브리지 대학교 머레이 에드워즈 칼리지의 특별 연구원(Bye-Fellow)으로 재직하며 '남성과의 협력(Collaborating with Men)' 실행 연구 프로그램을 이끌었습니다. 질 박사는 남성 참여 유도 및 실질적인 행동 제안에 관한 '일상적인 직장 내 포용(Everyday workplace inclusion)' 등 다수의 보고서를 발표했습니다.

또한 2017년 Policy Press에서 출간된 '어머니처럼, 딸처럼?: 커리어 우먼이 딸의 야망에 미치는 영향(Like Mother, Like Daughter?: How career women influence their daughters' ambition)'을 저술했습니다.

질 박사는 팀과 리더들을 대상으로 포용적인 행동과 직장에서의 어려운 상황 대처법에 대한 워크숍을 기획하고 운영합니다. 주로 다른 기관들과 파트너십을 통해 일합니다.

www.menforinclusion.com/the-accidental-sexist/

차별할 의도는 없었습니다만 포용적 일터를 위한 DEI 실천 가이드

The Accidental Sexist : A handbook for men on workplace diversity and inclusion

초판 1쇄 발행 | 2025년 5월 13일
지은이 | 개리 포드 Gary Ford, 스티븐 코크 Stephen Koch, 질 암스트롱 Dr.Jill Armstrong
옮긴이 | 조용빈

한국어판 기획 및 감수 | 이예지, 김선미, 김예빈
자문 | 김정태, 정지연
발행 | 주식회사 엠와이소셜컴퍼니(MYSC)
발행인 | 김정태

주소 | 서울시 성동구 연무장13길 8 메리히어 6층
문의 | 02-532-1110 / info@mysc.co.kr
홈페이지 | www.mysc.co.kr

출판등록 | 제2015-000064호
표지 디자인 | MYSC 디자인센터
디자인 및 인쇄 | 네모연구소
ISBN | 979-11-967888-8-9